SERMONES

ROMANI

SERMONES

ROMANI

AD VSVM DISCIPVLORVM EDIDIT
HANS H. ØRBERG

focus an imprint of
Hackett Publishing Company, Inc.
Indianapolis/Cambridge

Part of the
LINGVA LATINA
PER SE ILLVSTRATA
series

For further information on the complete series, visit
www.hackettpublishing.com

Lingua Latina per se illustrata
Sermones Romani
© 2004 Hans Ørberg
Domus Latina, Skovvangen 7
DK-8500 Grenaa, Danimarca
Distributed by permission of Domus Latina by
Hackett Publishing Company, Inc.

focus an imprint of
Hackett Publishing Company, Inc.
P.O. Box 44937
Indianapolis, Indiana 46244-0937

www.hackettpublishing.com

ISBN-13: 978-1-58510-195-5

Printed in the United States of America.

24 23 22 21   5 6 7

SERMONES QVI HOC LIBRO CONTINENTVR

In margine pāginārum explānantur vocābula quae nōn reperiuntur in librō cui titulus est
LINGVA LATINA PER SE ILLVSTRATA, PARS I: FAMILIA ROMANA (ISBN 87-997016-5-0).

INTERPRETAMENTA

cōnscrīpsit

grammaticus quīdam Rōmānus

('Pseudo-Dositheus' quī vocātur)

Liber III
DE SERMONE COTIDIANO

PROLOGVS

Quoniam videō multōs cupientēs Latīnē loquī et Graecē
neque facile posse propter difficultātem et multitūdinem
verbōrum, nōn pepercī hoc facere, ut in tribus librīs *Interpretāmentōrum* omnia verba cōnscrīberem...

In prīmō quidem librō omnia verba cōnscrīpsī per ōrdinem litterārum ā prīmā litterā ūsque ad novissimam litte-
ram. In secundō autem plūra verba secundum ōrdinem dī-
versārum rērum cōnstituī.

Nunc ergō incipiam scrībere – quoniam parvulīs puerīs
incipientibus ērudīrī necessārium vidēbam – audītiōnem
interpretāmentōrum sermōnis cotīdiānī, per quem facilius
Latīnē et Graecē loquī īnstruantur. Idcircō paucīs *dē
sermōne cotīdiānō* cōnscrīpsī quae subiecta sunt.

4

DE SERMONE COTIDIANO

[*INTERPRETAMENTA dīcuntur librī trēs ā quōdam grammaticō Latīnē et Graecē cōnscrīptī saeculō secundō p.C., quōrum tertius est dē sermōne cotīdiānō. In sermōnibus quae sequuntur verba Graeca omissa sunt.*]

I. DISCIPVLVS (I)

– Sōl ortus est. Sōlis ortus. Lūx. Lūmen. Iam lūcet. – Ante lūcem māne surgō – surrēxī – dē lectō.

"Vestī mē! Dā mihi calceāmenta!" Iam calceātus sum.

"Affer aquam manibus! Manūs sordidae sunt."

Lavō – iam lāvī – meās manūs et faciem. Tergeō – adhūc nōn tersī.

Prōcēdō forās dē cubiculō. Vādō in scholam.

Prīmum salūtō magistrum, quī mē resalūtāvit: "Avē, magister! – Avēte, condiscipulī! Locum mihi date meum! Illūc accēdite! Meus locus est. Ego occupāvī!"

Sedeō. Discō.

"Iam teneō meam lēctiōnem: *meus, mihi, noster, nōbīs, tuus, tibi, vester, vōbīs.* Iam possum reddere."

Reddō. Scrībō.

Versūs posteā coepī legere.

"Praedūcere nesciō. Tū mihi praedūc, quōmodo scīs!"

"Cēra dūra est, mollis dēbuit esse." Tabulam dēleō.

"Scrībe tū mihi pāginam!"

Iam didicī quod accēperam.

Rogāvī 'ut mē dīmitteret domum ad prandium', et ille mē dīmīsit. Ego illī 'bene valēre' dīxī. Resalūtāvit mē.

Postquam pranderam, reversus reddidī.

---

p. C. = post Chrīstum (nātum)

o-mittere = nōn dīcere/scrībere, dēmere (↔ addere)

orīrī ortum esse
ortus -ūs *m* < orīrī
lūmen -inis *n* = lūx

calceāmentum -ī *n* = calceus
calceātus -a -um = calceīs indūtus

lavāre lāvisse lautum/lōtum

tergēre -sisse -sum

vādere -sisse = īre
schola -ae *f* = lūdus
re-salūtāre
avē! avēte! = salvē! salvēte!
con-discipulus -ī *m* = discipulus eiusdem scholae
occupāre = capere et suum facere

lēctiō -ōnis *f* (< legere) = quod legendum (discendum) est

red-dere : sine librō quod discendum erat recitāre

prae-dūcere = līneās dūcere
quōmodo = eō modō quō, sīcut

"dīmitte mē...!"
prandium -ī *n* = cibus quī merīdiē ēstur
ill*um* 'bene valēre' *iussī:* "bene valē!"
prandēre -disse prānsum = prandium ēsse

5

II. DISCIPVLVS (II)

Ante lūcem ēvigilāvī dē somnō. Surrēxī dē lectō et vo-
cāvī puerum. Iussī 'aperīre fenestram'. Aperuit citō.

Sēdī. Poposcī calceāmenta et caligās. Calceāvī mē.

Poposcī aquam ad faciem. Lavō prīmum manūs, deinde
faciem lāvī. Accēpī linteum. Tersī manūs, deinde bracchia et faciem.

Dēposuī dormītōriam. Accēpī tunicam
ad corpus. Cīnxī mē. Induī superāriam albam. Suprā induō paenulam.

caliga
-ae *f*

cingulum
-ī *n*

Prōcessī dē cubiculō cum paedagōgō et cum nūtrīce salūtāre patrem et mātrem. Ambōs salūtāvī et ōsculātus
sum. Et sīc dēscendī dē domō.

Eō ad scholam. Introiī. Dīxī: "Avē, magister!"
et ipse mē ōsculātus est et resalūtāvit.

thēca -ae *f*

Porrēxit mihi puer meus tabulās, thēcam, stilum.

Meō locō sedēns ⟨tabulam⟩ dēleō. Dēscrībō ad exemplar.

Ut scrīpsī, ostendō magistrō. Ēmendāvit.

Iubet mē legere. Librum accēpī. Lēgī lēctiōnem meam.

Ēdiscēbam interpretāmenta. Reddidī.

Sed statim ⟨dīxī condiscipulō⟩: "Dictā mihi!"

Dictāvit mihi condiscipulus. "Et tū" inquit "dictā mihi!"

Dīxī eī: "Redde prīmum!"

Et dīxit mihi: "Nōn vīdistī, cum redderem prius tē?"

Et dīxī: "Mentīris! Nōn reddidistī."

"Nōn mentior!" – "Sī vērum dīcis, dictō."

Inter haec iussū magistrī surgunt pusillī ad elementa, et
syllabās dīnumerāvit eīs ūnus dē māiōribus.

Aliī ad subdoctōrem ōrdine reddunt, nōmina scrībunt,
versūs recitāvērunt.

6

Et ego in prīmā classe dictātum accēpī.

Dēclīnāvī genera nōminum. Partītus sum versum.

Ut haec ēgimus, dīmīsit ad prandium. Dīmissus vērō redeō domum.

Mūtō. Accipiō pānem candidum, olīvās, cāseum, cāricās, nucēs. Bibō aquam frīgidam.

Prānsus revertor iterum ad scholam. Inveniō magistrum perlegentem, et dīxit: "Incipite ab initiō!"

classis -is *f* = numerus discipu-
lōrum quī simul docentur
dictātum -ī *n* = quod dictātur
versum *in pedēs* partītus sum

magister nōs dīmīsit

mūtō *vestem*
cārica -ae *f* = fīcus* sicca

prānsus : postquam prandī

per-legere

III. SALVTATIO

salūtātiō -ōnis f < salūtāre

[Iūlius prōcēdēns amīcō suō Gāiō occurrit.]

[Gāius:] "Salvē, domine!"

[Iūlius:] "Salvus sīs semper, amantissime! Quōmodo rēs tuae? omnia bene?"

amantissimus -a -um
= cārissimus

[Gāius:] "Quōmodo diī volunt."

quōmodo = sīcut

[Iūlius:] "Quid agis?"

[Gāius:] "Modo agēbam, nunc autem vacat mihi."

vacāre = vacuum esse; vacat
mihi = tempus vacuum
(ōtium) mihi est

[Iūlius:] "Sī vīs, venī mēcum!"

[Gāius:] "Quō?"

[Iūlius:] "Ad amīcum nostrum Lūcium. Vīsitēmus eum."

vīsitāre = vīsere

[Gāius:] "Quid enim habet?"

quid habet? = quōmodo sē
habet?

[Iūlius:] "Aegrōtat."

[Gāius:] "Ā quandō?"

[Iūlius:] "Intrā paucōs diēs incidit."

in-cidere -disse < in + cadere;
(in *morbum*) i. = aeger fierī;
morbus -ī *m* = mala valētūdō

[Gāius:] "Ubi manet?"

manēre = habitāre

[Iūlius:] "Nōn longē. Sīs, ambulā!"

longē = procul
sīs = sī vīs

[Iūlius et Gāius ad domum Lūciī ambulant.]

7

(interrogāre) sī : num, an
in-gredī -gressum = intrāre

ille : ōstiārius

dē salūte : dē valētūdine

 scālae
-ārum *f pl*

dextera -ae *f* = dextra

[*Iūlius:*] "Haec est, putō, domus eius."

[*Gāius:*] "Haec est. Ecce ōstiārius."

[*Iūlius:*] "Interrogā eum, sī possīmus ingredī et vidēre dominum eius."

Et ille dīxit: "Quem quaeritis?"

[*Gāius:*] "Dominum tuum. Dē salūte eius venīmus."

[*Ōstiārius:*] "Ascendite!"

[*Iūlius:*] "Quot scālās?"

[*Ōstiārius:*] "Duās. Ad dexteram pulsāte – sī tamen vēnit: prōcesserat enim."

[*Iūlius et Gāius duās scālās ascendunt.*]

[*Iūlius:*] "Pulsēmus!"

[*Ōstium pulsant.*]

[*Servus, intus:*] "Quis est? [*Ōstium aperiēns.*] Salvēte, dominī!"

nūntiā 'mē *vēnisse*'

laurus
-ī *f*

laurētum -ī *n* = silva laurōrum
de-ambulāre = hūc illūc ambu-
lāre; deambulā*tum*
grātulārī + *dat* = dīcere 'sibi
grātam esse alicuius bonam
fortūnam'

[*Iūlius:*] "Dominum tuum volumus vīsitāre. Sī vigilat, nūntiā mē!"

Et ille dīxit: "Nōn est hīc."

[*Iūlius:*] "Quid nārrās? Sed ubi est?"

[*Servus:*] "Illūc dēscendit ad laurētum deambulāre."

[*Iūlius:*] "Grātulāmur illī. Cum vēnerit, dīcitō illī 'nōs ad ipsum grātulantēs vēnisse ad salūtem eius', quia omnia rēctē sē habent."

[*Servus:*] "Sīc faciam."

abs-cēdere = abīre, discēdere

[*Iūlius et Gāius abscēdunt.*]

IV. INVITATIO

[*Iūlius:*] "Tū quō vādis?"

[*Gāius:*] "Domum festīnō. Quārē inquīsīstī?"

[*Iūlius:*] "Sī tibi suāve est, hodiē apud mē prandē frūgā-
liter. Vīnō bonō domesticō ūtimur."

[*Gāius:*] "Sīc fīat."

[*Iūlius:*] "Temperius ergō venī ad nōs."

[*Gāius:*] "Quandō vīs, mitte ad nōs. Domī sum."

[*Iūlius:*] "Sīc fīat nōbīs."

[*Gāius domum pergit.*]

[*Iūlius, ad servum suum:*] "Tū, puer, sequere mē ad macellum! Aliquid emāmus ad prandium."

[*Iūlius cum servō ad macellum it.*]

[*Iūlius:*] "Interrogā, quantī piscēs."

[*Servus, postquam interrogāvit:*] "Dēnāriīs decem."

[*In macellō Iūlius piscēs emit et carnem.*]

[*Iūlius:*] "Tū, puer, refer domum, ut possīmus īre ad
holerārium et emere holera quae necessāria sunt, et
pōma: mōra, fīcūs, māla, pira..."

[*In forō holerāriō Iūlius holera et pōma emit.*]

[*Iūlius:*] "Ecce habēs omnia quae ēmimus; refer domum!"

[*Iūlius cum servō domum redit.*]

[*Iūlius:*] "Vocet aliquis cocum! Ubi est?"

[*Servus:*] "Sūrsum ascendit."

[*Iūlius:*] "Et quid vult? Dēscendat hūc! [*Ad cocum quī
dēscendit:*] Tolle, coque dīligenter pulmentāria! [*Ad
servum:*] Affer clāvem! Prōfer quae necessāria sunt:
salem, oleum Hispānum ad lucernās, acētum ācre,

9

---

invītātiō -ōnis *f* < *invītāre*
= vocāre (domum suam)

festīnāre = properāre
in-quīrere -sīvisse/-siisse -sītum
= quaerere; -īstī < -iistī
suāvis -e = iūcundus
frūgālis -e = haud magnificus
sed bonus
domesticus -a -um (< domus)
= domī factus

temperī *adv* (↔ tardē) = ad
tempus; *comp* temperius
nūntium mitte

īre pergit

macellum -ī *n* = forum ubi carō
et piscēs *vēneunt*
vēn-īre -eō -iisse = vēndī

quantī (*gen* = quantō pretiō)
piscēs *sint* (: cōnstent)

holerārius -a -um < holus; *n*
forum ubi holera vēneunt
pōmum -ī *n:* pōma sunt māla,
pira, fīcūs, mōra, cēt.

mōrum
-ī *n*

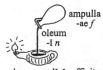
ampulla
-ae *f*
oleum
-ī *n*

oleum ex olīvīs efficitur

pulmentārium -ī *n* = cibus (carō)
quae coquitur

Hispānus -a -um: ex Hispāniā
acētum -ī *n* = vīnum acerbum
ācer ācris ācre = acerbus

carbō
-ōnis *m*

secūris   catīnum   caccabus   ōlla
-is *f*   -ī *n*   -ī *m*   -ae *f*

secūris -is *f, acc* -im, *abl* -ī

vīnum album et nigrum, ligna sicca, carbōnēs, secūrim, vāsa, catīna, caccabum, ōllam...!"

ef-ferre ex-tulisse ē-lātum
< ex + ferre

[*Servus, postquam omnia extulit:*] "Quid aliud vīs?"

[*Iūlius:*] "Haec tantum, puer: Vāde ad Gāium et dīc eī:

inde : deinde
lavāre = lavārī (in balneō)

"Venī!" Inde lavēmus. Vāde! Curre! Citō fac!"

[*Abit servus, et citō revertitur.*]

[*Iūlius:*] "Fuistī ad eum?"

[*Servus:*] "Fuī."

[*Iūlius:*] "Ubi erat?"

[*Servus:*] "In domō sedēbat."

[*Iūlius:*] "Et quid faciēbat?"

studēre = litterīs studēre

[*Servus:*] "Studēbat."

[*Iūlius:*] "Et quid dīxit?"

[*Servus:*] "'Exspectā mē!'"

[*Iūlius:*] "Vāde iterum, et dīc eī: 'Omnēs hīc sunt.' Cum eō venī!"

[*Servus iterum abit.*]

cēnātiō -ōnis *f* = triclīnium

[*Iūlius, ad aliōs servōs:*] "Vōs interim sternite cēnātiō-nem!"

sternere strāvisse strātum

[*Servī:*] "Iam strāvimus. Omnia parāta sunt."

[*Servus iterum revertitur sine Gāiō.*]

sērus -a -um = tardus, posterior;
adv sērō ↔ temperī
sērō nōs facis prandēre = facis
ut sērō prandeāmus

[*Iūlius:*] "Nōndum venit? Vāde, dīc eī: 'Sērō nōs facis prandēre!' [*Gāium advenientem cōnspicit.*] Ecce venit. Occurre eī!"

ob-viam īre + *dat* = occurrere

[*Servus Gāiō obviam it.*]

10

strigilis  -is *f*

ampulla -ae *f*

V. BALNEVM

[*Iūlius, quī amīcōs invītāvit, ante cēnam cum Gāiō amīcō in balneum itūrus est, ut lavētur et exerceātur.*]

[*Iūlius, ad servōs:*] "Afferte sabana ad balneum, strigi-lem, ampullam! Praecēdite, occupāte locum!"

[*Servus:*] "Ubi iubēs? In thermīs an in prīvātō?"

[*Iūlius:*] "In thermīs. Praecēdite tantum! *Vōbīs* dīcō quī hīc estis! Calida fīat nōbīs. Ego autem, ūsque dum locum invenītis, unguentārium salūtābō."

[*Servī ad thermās praecēdunt. Iūlius* fūmus -ī *m*
unguentārium petit.]

[*Unguentārius:*] "Iūlī, avē!"

[*Iūlius:*] "Salūtō tē! Dā mihi tūs et unguentum, quod suf-ficit hodiē ad hominēs vīgintī, sed dē bonō!"

[*Domum reversus Iūlius, ad Gāium:*] "Surge, eāmus! Hinc vīs per porticum propter lūmen? [*Gāius silet.*] Numquid vīs venīre ad sēcessum?"

[*Gāius:*] "Bene mē admonuistī: venter mē cōgit."

[*Gāius discēdit ad sēcessum et mox redit.*]

[*Iūlius:*] "Eāmus iam!"

[*Amīcī per porticum ad thermās eunt.*]

[*Iūlius, in thermīs, ad servum:*] "Exue mē! Excalceā mē, puer! Accipe vestīmenta, servā bene – nē obdormiās, propter fūrēs! Rape nōbīs pilam! [*Ad Gāium:*] Lūdāmus in sphaeristēriō!"

[*Amīcī in sphaeristēriō pilā lūdunt.*]

[*Iūlius:*] "Exercērī volō in cērōmate. Venī, luctēmur!"

11

iam dūdum *adv* = iam prīdem

temptāre = cōnārī

cella -ae *f* = locus clausus
tepidārius -a -um < *tepidus* -a
-um = nec frīgidus nec calidus
balneātor -ōris *m* = quī balneum
  cūstōdit
fricāre = tergēre premendō

sūdātōrium -ī *n* (< *sūdāre*)
= cella balneī calidissima

sūdāre: hominēs ob magnum
  calōrem vel labōrem sūdant
sūdor -ōris *m* < sūdāre

lassus -a -um = fessus
solium -ī *n* = magnum balneī vās

assa -ae *f* = balneum siccum
  calidissimum, sūdātōrium

temperāre = rēctē miscēre (calidum et frīgidum)
piscīna -ae *f* = lacus arte factus
subdīvālis -e = sub caelō apertō
situs (nōn sub tēctō)

solium

frīgida -ae *f* = aqua frīgida,
  balneum frīgidum
lutum -ī *n* = terra mollis ūmida
  (in thermīs corpus lutō per-
  funditur)
re-sūmere = vīrēs re-sūmere
dē-stringere = strigile fricāre (ita
  dētergētur lutum, oleum, sūdor)
caligula -ae *f* = caliga (parva)

col-ligere -lēgisse -lēctum = ūnō
  locō pōnere (↔ spargere)

[*Gāius:*] "Nesciō, neque possum, iam dūdum enim dēstitī luctārī. Tamen temptō – sī possum."

[*Iūlius cum Gāiō luctātur in cērōmate.*]

[*Gāius:*] "Leviter fatīgātus sum."

[*Iūlius:*] "Introeāmus in cellam prīmam tepidāriam."

[*Iūlius introiēns, ad servum:*] "Dā balneātōrī nummōs! Accipe reliquum! Unge mē! Fricā mē! [*Ad Gāium:*] Venī ad sūdātōrium!"

[*In sūdātōrium introeunt.*]

[*Iūlius:*] "Sūdās?"

[*Gāius, sūdōrem dētergēns:*] "Sūdō.

sūdor

Lassus sum. Introeāmus ad solium!"

[*Iūlius:*] "Dēscende! Ūtāmur assā, et sīc dēscendāmus ad solium! [*Dēscendit ipse.*] Dēscende!"

[*Gāius, dēscendēns:*] "Bene temperātum est solium."

[*Iūlius:*] "Exī iam! Mitte tē ipsum in piscīnam sub-dīvālem!"

[*Forās exeunt et in piscīnam frīgidam sē mittunt.*]

[*Iūlius, natāns:*] "Natā!"

[*Gāius:*] "Natāvī."

[*Iūlius, cum Gāiō ē piscīnā ēgressus:*] "Frīgidam habu-imus bonam. Ad lutum accēde! Perfunde tē ipsum!"

[*Gāius:*] "Perfūdī. Resūmpsī."

[*Iūlius, ad servum:*] "Porrige strigilem! Dēstringe mē! Dā sabana! Tergē mihi caput et pedēs! Dā caligulās! Calceā mē! Vestī mē! Indue superāriam! Colligite vestīmenta et omnia nostra! [*Ad Gāium:*] Bene lāvistī? Bene tibi sit!"

[*Iūlius et Gāius lautī redeunt ad cēnam.*]

12

VI. CONVIVIVM

[*Ōstiārius, ad Iūlium ā balneīs redeuntem:*] "Salvum lōtum, domine! Amīcī vēnērunt."

[*Iūlius hospitēs suōs salvēre iubet.*]

[*Iūlius, ad servōs:*] "Date hīc sellās! [*Ad hospitēs:*] Quid stātis? Sedēte! [*Ad Gāium:*] Quid stās? Sedē! [*Ad ministrum:*] Temperā! Valdē enim sitiō. Miscē nōbīs! [*Ad hospitēs:*] Quis quid vult? [*Ad Gāium:*] Tū quid vīs?"

[*Gāius:*] "Miscē mihi calidum, nōn fervēns neque tepidum, sed temperātum. [*Vīnum gustat.*] Adice merum!"

[*Postquam bibērunt convīvae triclīnium ingrediuntur.*]

[*Iūlius:*] "Sī vultis, discumbāmus!"

[*Gāius:*] "Ubi iubēs?"

[*Iūlius:*] "In prīmō locō discumbe!"

[*Convīvae in lectīs discumbunt. Affertur gustātiō: ōva, holera, piscēs...*]

cucurbita -ae *f*

[*Iūlius, ad singulōs ministrōs:*] "Dā nōbīs prīmum bētās aut cucurbitās! Porrige mihi mappam! Ūnus ex vōbīs pānem frangat! Pōne oxygarum et lactūcās et cucumerēs! Dā sardīnās, siliquās et oleum Hispānum! Pōne discum cum ēscāriīs! Affer olīvās albās et cāseum!

lactūca -ae *f*

cucumis -eris *m*

[*Ad hospitēs:*] Cēnāte!"

[*Post gustātiōnem appōnuntur varia fercula, ut gallīna, lepus, aper.*]

[*Iūlius, ad ministrum:*] "Praecīde aprum et gallīnam et leporem! Dā carnem assam! Valdē calet. Mandūcēmus!"

aper aprī *m*

gallīna -ae *f*

lepus -oris *m*

balneae -ārum *f pl* = thermae
lōtus -a -um = lautus *part* < lavāre; salvum lōtum! : salvum lōtum tē esse gaudeō

temperā *vīnum calidum frīgidō!*
sitīre (< sitis) = sitim patī
miscē *aquam vīnō!*

vīnum calidum
fervēns -entis = calidissimus

dis-cumbere = suīs locīs accumbere

gustātiō -ōnis *f* = prīma pars cēnae (↔ mēnsa secunda)

bēta -ae *f*

mappa -ae *f* = linteum ad ōs tergendum
oxygarum -ī *n* = acētum mixtum quod cum piscibus gustātur
sardīna -ae *f* = parvus piscis
discus -ī *m* = catīnum
ēscārius -a -um (< ēsca = cibus) = edendus; *f pl* ūvae ēscāriae

siliqua -ae *f*

ferculum -ī *m* = cibus quī ōrdine convīvīs affertur
aper aprī *m* = porcus ferus

prae-cīdere = secāre

assus -a -um = igne coctus sine aquā
calēre = calidus esse (↔ frīgēre)
mandūcāre = dentibus ūtī, ēsse

13

ex-tergēre = dētergēre

propīnāre +dat = bibere ad alicuius salūtem

placenta -ae f = pānis dulcis

facula -ae f
= fax facis f

ministrāre (< minister) = servīre
(convīvīs); ministrantēs = mi-
nistrī

pulvīnus
-ī m

ex-cutere -iō -cussisse -cussum
= iactāre, quatere
sēgnis -e = piger; adv sēgniter
per-noctāre forīs = per tōtam
noctem forīs esse
sī cuius = sī alicuius
audierō = audīverō
re-cipere sē = recēdere
gallicinium -ī n = gallī cantus;
gallicinīō abl : ante lūcem

[Convīvae:] "Optimē factum est."

[Iūlius, ad ministrōs:] "Date aquam ad manūs! – Extergē
mēnsam! – Dā nōbīs bibere! Dā merum! Miscē calidum! Omnēs bibāmus!"

[Gāius:] "Sī permittis, prōpīnō tibi."

[Iūlius:] "Bene accipiō. [Ad alium convīvam:] Quid nōn
bibis? Bibe, domine!"

[Convīva:] "Petīvī, et nēmō mihi dedit."

[Statim minister eī vīnum dat.]

[Affertur mēnsa secunda: pōma, nucēs, mel, placentās.]

[Iūlius, ad ministrōs:] "Date nōbīs dulcem placentam!"

[Convīvae:] "Sufficit nōbīs. Eāmus iam! Bene nōs accēpistī."

[Iūlius, ad servum:] "Accende faculam!"

[Gāius:] "Dā ministrantibus bibere et cēnāre, et cocō,
quia bene ministrāvit."

[Discēdunt convīvae.]

[Iūlius:] "Puer, venī! Collige haec! Omnia suīs locīs
repōne!"

[Iūlius, cum servō cubiculum ingressus:] "Dīligenter
sterne lectum!"

[Servus:] "Strāvimus."

[Iūlius:] "Et ideō dūrum est?"

[Servus:] "Excussimus et pulvīnum mollīvimus."

[Iūlius:] "Quoniam autem sēgniter fēcistis quae necessāria sunt, nēmō forīs pernoctet aut exeat. Sī cuius
vōcem audierō, nōn eī parcam! Recipite vōs, quiēscite,
et gallicinīō mē excitāte, ut excurram!"

VII. TABELLARIVS

[Tabellārius ā Gāiō missus pulsat ōstium Lūciī.]

[Ōstiārius:] "Quis pulsat ōstium?"

[Tabellārius:] "Ā Gāiō ad Lūcium. Sī hīc est, nūntiā!"   nūntiā *mē*

[Ōstiārius, ad Lūcium dominum:] "Venit ā Gāiō."

[Lūcius, intus:] "Rogā illum! *[Ēgressus ipse tabellārium*   rogāre = interrogāre
interrogat:] Quid est, puer? Omnia rēctē?"

[Tabellārius:] "Etiam, domine. Mīsit tibi epistulam sig-   etiam : ita (: rēctē sunt omnia)
nātam."

[Lūcius:] "Et ubi est?"

[Tabellārius:] "Hīc est."

[Lūcius:] "Dā illam, ut videam quid mihi scrīpserit!
[Epistulā perlēctā:] Scrīpsit mihi dē negōtiō. Nihil tibi
dīxit?"

[Tabellārius:] "Nihil."

[Lūcius:] "Vāde, puer, et nūntiā quoniam veniō."   quoniam veniō : 'mē venīre'

[Tabellārius redit ad Gāium.]

[Lūcius, ad servōs suōs:] "Date mihi calceāmenta! Affer
aquam ad manūs! Dā subarmāle, cinge mē! Dā togam,
operī mē! Dā paenulam et ānulōs! *[Ad sodālem suum*
quendam:] Quid stās, sodālis? Tolle quae opus sunt et
venī mēcum! Festīnō ad amīcum antīquum, senātōrem
populī Rōmānī, quī ā Rōmulō dēdūcit genus, ā Trōiānīs
Aeneadārum."

[Exit Lūcius cum sodālī suō.]

sub-armāle -is *n* = lātum
cingulum
sodālis -is *m* = amīcus, comes
(ea) quae opus sunt = quibus
opus est
senātor -ōris *m,* ūnus ē DC cīvi-
bus nōbilissimīs, quōrum numerus vocātur *senātus* (-ūs *m*)
genus = omnēs ab eōdem (patre
patrum) ortī; ā Rōmulō g. dēdūcit = eius g. ā R. ortum est
Aeneadae -ārum *m pl,* Trōiānī
quī Aenēam in Italiam fugientem comitātī sunt
Rōmulus, quī ab Aenēā genus
dēdūcit, a. 753 a.C. Rōmam
condidit
con-dere -didisse -ditum

15

iūrgium -ī *n* = certāmen (dē
iūre)
vagārī = errāre

aes aeris *n* = pecūnia; aes est
māteria ex quā efficiuntur
assēs, ferrō cārius et argentō
vīlius est

īnsānīre = mente *īn-sānus* esse

faenerāre = mūtuum dare pretiō
fraudātor -ōris *m* = vir fallāx

dūc tē! = abī!
quaere *aes ab eō* cui faenerā-
vistī

iūrāre = dīs testibus affīrmāre

contrōversia -ae *f* = iūrgium

VIII. IVRGIVM

[Iūlius et Gāius, dum in urbe vagantur, Lūciō obviam
eunt.]

[Iūlius, ad Gāium]: "Nōn est iste Lūcius, quī meum aes
habet?"

[Gāius:] "Hic est."

[Iūlius:] "Accēdēns ergō salūtābō eum. *[Ad Lūcium accē-*
dit.] Avē, pater familiās! Nōndum possum accipere
meum, quod mihi dēbēs tantō tempore?"

[Lūcius:] "Quid dīcis? Īnsānīs!"

[Iūlius:] "Faenerāvī tibi aes – et dīcis 'īnsānīs'! Fraudātor, nōn cognōscis mē?"

[Lūcius:] "Dūc tē! Quaere cui faenerāstī! ego enim nīl
tuum habeō."

[Iūlius:] "Iūrā mihi!"

[Lūcius:] "Iūrō ubi velīs."

[Iūlius:] "Eāmus. Iūrā in templō!"

[Iūlius cum Lūciō ad templum it.]

[Lūcius:] "Per deum hunc: nihil mihi dedistī."

[Iūlius:] "Modo bene. Et contrōversiam facere nōn est
bonum līberō hominī et patrī familiās."

[Iūlius iam intellegit sē nōn Lūciō, sed aliī virō pecūniam
faenerāvisse.]

IX. NVMMVLARIVS

[Iūlius ante nummulāriī mēnsam adsistit.]

[Nummulārius:] "Domine, quid imperās?"

[Iūlius:] "Numquid habēs pecūniam vacuam?"

[Nummulārius:] "Quid opus habēs mūtuārī?"

[Iūlius:] "Sī habēs, commodā mihi quīnque sēstertia."

[Nummulārius:] "Et sī nōn habērem, undecumque explicārem."

[Iūlius:] "Pignus vīs?"

[Nummulārius:] "Absit, nōn opus habeō. Cavē mihi 'tē accēpisse'."

[Iūlius:] "Quibus ūsūrīs?"

[Nummulārius:] "Quibus vīs."

[Iūlius dē pecūniā mūtuā cavet: scrībit 'sē HS V̄ accēpisse atque cum ūsūrīs redditūrum esse'.]

[Iūlius:] "Cāvī."

[Nummulārius Iūliō HS V̄ commodat.]

[Iūlius:] "Grātiās tibi agō."

[Nummulārius:] "Signā!"

[Iūlius, postquam signāvit:] "Signāvī."

[Nummulārius:] "Numerā!"

[Iūlius, pecūniā numerātā:] "Numerāvī."

[Nummulārius:] "Probā!"

[Iūlius:] "Probāvī."

[Nummulārius:] "Sīcut accēpistī, probum redde!"

[Iūlius:] "Cum tibi reddiderō, et satisfaciam."

[Hīs perāctīs, Iūlius cum pecūniā discēdit.]

---

nummulārius -ī *m* (< nummus)
= tabernārius quī pecūniam
mūtuam dat pretiō
ad-sistere -stitisse = cōnsistere
et stāre

opus habeō = mihi opus est
mūtuārī = mūtuum sūmere
commodāre = mūtuum dare
sēstertia *n pl* = mīlia sēstertium
unde-cumque = ā quōquō locō,
quōquō modō
ex-plicāre ↔ implicāre; pecūniam explicāre : quaerere
pignus -oris *n* = rēs cāra quae
datur prō pecūniā mūtuā
cavēre = litterīs prōmittere 'sē
pecūniam redditūrum esse'

ūsūra -ae *f* = pretium prō pecūniā mūtuā solvendum

V̄ = quīnque mīlia; HS V̄ = quīnque sēstertia (= quīnque mīlia
sēstertium)

cavēre cāvisse cautum

(rem) probāre = probam exīsti-
māre, 'probam esse' dīcere

satis-facere (+ *dat*) = dare quod
satis est, grātum facere; satisfaciam *tibi* (: ūsūrās solvendō)
per-agere

17

male-dictum -ī *n* < *male-dīcere*

X. MALEDICTA

[*Hōrā nōnā Iūlius balneās petit. Ibi Sōsia, servus ēbrius,*

īrāscī = īrātus fierī

eī in ōstiō occurrit. Iūlius īrāscitur.]

[*Iūlius:*] "Dūc tē ergō! Quid stās?"

per-tinēre: ad mē pertinet = mea
rēs est; tibi pertinet = ad tē p.

[*Sōsia:*] "Quid tibi pertinet? Prōcūrātor meus es?"

prōcūrātor -ōris *m* < *prō-cūrāre*
= negōtium cūrāre prō aliquō

[*Iūlius:*] "Dūc tē!"

impostor -ōris *m* = vir fallāx,
fraudātor

[*Sōsia:*] "Recēde, impostor!"

male-dīcere +*dat*
cruci-fīgere = crucī fīgere
ex-pedīre +*dat* = prōdesse

[*Iūlius:*] "Maledīcis mihi, malum caput? Crucifīgāris!

Male facis, et nescīs quod nōn expedit tibi."

[*Sōsia:*] "Quārē?"

ingenuus -a -um = līberō patre
nātus

[*Iūlius:*] "Quoniam ego ingenuus homō sum, tū autem

nēquam servus!"

[*Sōsia:*] "Silentium habē!"

pār paris *adi* = aequus

[*Iūlius:*] "Vīs ergō discere: nōn sum tibi pār!"

[*Sōsia:*] "Nōn, impostor? Volō discere utrum servus sīs

lībertus -ī *m* = lībertīnus

an lībertus?"

[*Iūlius:*] "Nōn dō tibi ratiōnem.

[*Sōsia:*] "Quārē?"

[*Iūlius:*] "Quoniam nōn es dignus! Eāmus ad dominum

tuum!"

[*Sōsia:*] "Fortasse."

[*Iūlius:*] "Ego enim ingenuus omnibus nōtus sum et pater

familiās."

appāret = plānē vidētur

[*Sōsia:*] "Appāret ā faciē tuā!"

[*Iūlius:*] "Eāmus nōs!"

abs-trahere

[*Iūlius Sōsiam sēcum abstrahere temptat, cum dominus

Sōsiae iīs obviam venit.*]

opportūnus -a -um = idōneus;
adv tempore opportūnō

[*Iūlius:*] "Opportūnē vēnistī. Quaerēbam tē, quod factum

est mihi malum."

XI. IVDICIVM

Dominus [*Lūcius*] prōcēdēns occurrit amīcō suō, et dīxit: "Avē, Gāī!" et ōsculātus est eum.

Et [*Gāius*] resalūtāvit eum dīcēns: "Bene valeās, Lūcī! Est tē vidēre! Quid agis?"

[*Lūcius:*] "Omnia rēctē. Quōmodo habēs?"

[*Gāius:*] "Grātulor tibi – sīcut mihi."

[*Lūcius:*] "⟨Vocātus sum in⟩ iūdicium."

[*Gāius:*] "Quālis est ipsa rēs?"

[*Lūcius:*] "Nōn valdē magna, est enim pecūniāria. Sī vacat tibi, adestō nōbīs! Iūdicēs enim diem nōbīs dedērunt hodiernum sententiam dictūrī. Quārē volō tē praesente dē causā cum advocātīs tractāre."

[*Gāius:*] "Adhibuistī ⟨advocātōs⟩?"

[*Lūcius:*] "Adhibuī."

[*Gāius.*] "Quōs?"

[*Lūcius:*] "Tuōs amīcōs."

[*Gāius:*] "Bene fēcistī. Cōnstituistī circā quam hōram? in quō locō?"

[*Lūcius:*] "In forō, in porticū iūxtā statuam Victōriae."

[*Gāius:*] "Post modicum illūc veniō."

[*Lūcius:*] "Sed rogō in mente habeās!"

[*Gāius:*] "Sēcūrus estō: mihi pertinet."

[*Discēdit Gāius.*]

[*Lūcius, ad servum suum:*] "Eāmus nōs ad nummulārium; accipiāmus ab eō dēnāriōs centum. Dēmus causidicō honōrārium et advocātīs et iūris perītō, ut studiōsius dēfendant nōs."

[*Servus, nummulārium cōnspiciēns:*] "Iste est."

19

iūdicium -ī *n* = iūs iūris *n* = locus et tempus quō iūs dīcitur · dē cīvium contrōversiīs

est tē vidēre! = quam grātum mihi est tē vidēre!
quid agis? = quōmodo *tē* habēs?

pecūniārius -a -um < pecūnia
iūdex -icis *m* = quī inter cīvēs iūs dīcit (: statuit quid iūs sit)
hodiernus -a -um < hodiē
sententia = quod iūdex statuit
causa : rēs quae agitur in iūdiciō
ad-vocātus -ī *m* (< ad-vocāre)
= quī alicui adest in iūdiciō
tractāre = agere
ad-hibēre +*acc* = ūtī +*abl* (< ad + habēre); aliquem a. = cōnsilium/auxilium alicuius quaerere

Victōria dea

statua -ae *f*

modicus -a -um = nec magnus nec parvus, *n* paulum; post modicum *temporis...* veniam
rogō *ut* in mente habeās (: reminīscāris)
sē-cūrus -a -um = sine cūrā, nihil cūrāns
mihi pertinet = ad mē pertinet

causidicus -ī *m* = quī causās agit apud iūdicēs
honōrārium -ī *n* = mercēs
perītus -a -um (↔ ignārus) +*gen* = quī rem bene scit

cōnsilium -ī *n* = iī quī conveniunt ut cōnsilium capiant
īnstrūmenta : tabulae, litterae
(dē causā quae agitur)

dē-nūntiāre +*dat* = imperāre ut
adsit; -āstī = -āv*i*stī

testārī = testēs ad-vocāre

adversārius -ī *m* = quī adversus
certat

praecō -ōnis *m* = quī nūntiōs
pūblicōs *praedicat*
praedicāre = clārā vōce nūntiāre

audīstī = audīv*i*stī

[*Lūcius:*] "Accipe ab eō nummōs, et sequere!"

[*Nummīs acceptīs, servus Lūcium ad forum sequitur.*]

[*Lūcius:*] "Sīcut cōnstituimus adest Gāius. Convocēmus
eum in cōnsilium. Hīc habēmus īnstrūmenta."

[*Lūcius Gāium sēcum dūcit ad iūdicēs.*]

[*Iūdex:*] "Dēnūntiāstī illī?"

[*Lūcius:*] "Dēnūntiāvī."

[*Iūdex:*] "Testātus es?"

[*Lūcius:*] "Testātus sum."

[*Iūdex:*] "Parātus estō!"

[*Lūcius:*] "Parātus sum."

[*Iūdex:*] "Et adversārius interpellāre vult. Tacē!"

[*Lūcius:*] "Taceō."

[*Postquam adversārius interpellāvit et Lūciī causidicus
respondit, surgit iūdex.*]

[*Praecō praedicat:*] "Silentium habēte! Audiāmus sententiam!"

[*Iūdex sententiam dīcit.*]

[*Lūcius:*] "Audīstī, Gāī? ācta rēs est et vīcimus."

[*Gāius Lūciō grātulātur.*]

Tarentum -ī *n*
Syrācūsae -ārum *f pl*
Epidamnus -ī *f* (= Dyrrachium)

Menaechmī -ōrum *m pl,* frātrēs
geminī, titulus cōmoediae

MENAECHMI

Ex Plautī cōmoediā prologus et scaena ultima

Persōnae: MENAECHMVS I

MENAECHMVS II sīve SOSICLES

MESSENIO, servus Menaechmī II

Scaena: EPIDAMNI ante domum Menaechmī I

T. Maccius Plautus -ī *m,* scrīpsit
cōmoediās XXI; senex mortuus
est a. 184 a.C. (ante Chrīstum)
Menaechmus -ī *m* (MEN.)

Sōsiclēs -is *m*

Messēniō -ōnis *m* (MESS.)

PROLOGVS

1-2 Salūtem vōbīs, spectātōrēs, nūntiō!

Apportō vōbīs Plautum – linguā, nōn manū! –

quaesō ut benignīs accipiātis auribus.

5 Nunc argūmentum accipite atque animadvertite

– quam poterō in verba cōnferam paucissima.

17 Mercātor quīdam fuit Syrācūsīs senex.

Eī sunt nātī fīliī geminī duo,

ita fōrmā similī puerī utī māter sua

20 nōn internōsse posset quae mammam dabat,

neque adeō māter ipsa quae illōs pepererat!

(ut ille dīxit mihi quī puerōs vīderat).

24 Postquam iam puerī septuennēs sunt, pater

25 onerāvit nāvem magnam multīs mercibus.

Impōnit alterum geminum in nāvem pater,

Tarentum āvēxit sēcum ad mercātum simul;

illum relīquit alterum apud mātrem domī.

Tarentī lūdī forte erant cum illūc venit;

prologus = is quī prologum
dīcit
salūtem nūntiāre = salūtem
dīcere

quaesō = rogō
benignus -a -um = quī bene vult
argūmentum -ī *n.:* a. fābulae =
rēs quae in fābulā aguntur
cōn-ferre con-tulisse col-lātum
= contrahere, brevem facere
in verba quam paucissima (: tam
pauca quam) poterō

(puerī) fōrmā similī : fōrmam
similem habentēs, similēs
utī = ut
māter sua (: eōrum) quae mammam (= pectus) dabat : nūtrīx
inter-nōvisse (alterum ab alterō)
= *dis-cernere*
ad-eō = etiam; neque adeō = ac
nē quidem

septuennis -e = VII annōs nātus

onerāre = onere implēre (*onus*
-eris *n* = quod portātur/vehitur)
alterum g.: Menaechmum (I)
ā-vehere ↔ ad-vehere
sē-cum simul = ūnā sē-cum
mercātus -ūs *m* = locus quō conveniunt mercātōrēs ut vēndant
illum alterum: Sōsiclem

21

mortālēs -ium *m pl* = hominēs
ut ad lūdōs *fierī solet*

Epidamniēnsis -e < Epidamnus

tollere = auferre, abdūcere

perdere = āmittere
animum dē-spondēre -disse
  = dēspērāre
aegritūdō -inis *f* = dolor animī
ē-morī = morī
-u'st = -*us* est

avus -ī *m* = pater patris
surreptum *esse*

im-mūtāre = mūtāre
geminō alterī : Sōsiclī
dīligere -lēxisse -lēctum

in-dere -didisse -ditum = dare
illī nōmen dat 'Menaechm*ō*'
  (*dat*) = ... 'Menaechm*um*'

ipsus = ipse; ipsus avus eōdem
  nōmine vocātus est
errāre = prāvē intellegere, fallī

ambō -ae -ō, *dat m* -ōbus

dūdum *adv* = modo
dīxeram : dīxī

līberōrum nihil = nūllī līberī
nisi dīvitiae : nisi dīvitiae eī
  erant prō līberīs
ad-optāre = suum fīlium facere
surreptīcius -a -um = surreptus
dōtātus -a -um = pecūniōsus
hērēs -ēdis *m* = cui pecūnia hominis mortuī relinquitur
ob-īre (mortem/diem) = morī
ut rūs (= in rūs) ībat = cum... īret
pluere plūvisse: pluit = imber fit
longulē = longē (: procul)
rapidus *fluvius*
raptor -ōris *m* = quī rapit
sub-dūcere; alicui pedēs s. = aliquem lābentem facere
mala crux = mala fortūna (: nex)
ē-venīre = accidere, fierī; +*dat*
  (rēs) eī ēvenit = eī datur

mortālēs multī, ut ad lūdōs, convēnerant.　30
·Puer inter hominēs ibi aberrāvit ā patre.
Epidamniēnsis quīdam ibi mercātor fuit,
is puerum tollit āvehitque Epidamnum eum.
Pater eius autem, postquam puerum perdidit,
animum dēspondit, eāque is aegritūdine　35
paucīs diēbus post Tarentī ēmortuu'st.
　　Postquam Syracūsās dē eā rē rediit nūntius
ad avum puerōrum 'puerum surreptum alterum
patremque puerī | esse Tarentī ēmortuum',
immūtat nōmen avus huic geminō | alterī　40
– ita eum dīlēxit quī surreptu'st alterum:
illīus nōmen indit illī quī domī est
'Menaechmō', idem quod alterī nōmen fuit
(et ipsus eōdem avus est vocātus nōmine).
Nē mox errētis, iam nunc praedicō prius:　47
idem est ambōbus nōmen geminīs frātribus.
　　Epidamniēnsī illī, quem dūdum dīxeram　57
geminum illum puerum quī surripuit alterum,
eī līberōrum – nisi dīvitiae – nihil erat.
Adoptat illum puerum surreptīcium　60
sibi fīlium, eīque uxōrem dōtātam dedit,
eumque hērēdem fēcit cum ipse obiit diem.
Nam rūs ut ībat forte, ut multum plūverat,
ingressus fluvium rapidum ab urbe haud longulē,
rapidus raptōrī puerī subdūxit pedēs　65
abstrāxitque hominem in māximam malam crucem!
Illī dīvitiae ita ēvēnērunt māximae.
[*Domum Menaechmī I mōnstrat.*]

22

Is illīc habitat geminus surreptīcius.

Nunc ille geminus quī Syrācūsīs habet

70 hodiē in Epidamnum vēnit cum servō suō

hunc quaeritātum geminum germānum suum.

Haec urbs Epidamnus est, dum haec agitur fābula

– quandō alia agētur, aliud fīet oppidum,

sīcut familiae quoque solent mūtārier:

75 modo lēnō hīc habitat, modo adulēscēns, modo senex...

habēre = habitāre

servō: Messēniōne

quaeritāre = quaerere
(frāter) germānus = frāter eōdem
patre et eādem mātre nātus

quandō = cum

-ārier = -ārī (īnf pass)

lēnō -ōnis m = quī amōrem
fēminārum virīs vēndit

SCAENA VLTIMA

[Menaechmus II (Sōsiclēs) cum servō Messēniōne ante domum Menaechmī I ambulat. Menaechmus I forās exit.]

1062 MESS. Dī immortālēs! Quid ego videō?

MEN. II   Quid vidēs?

MESS.   Speculum tuum.

MEN. II Quid negōtī est?

MESS. [*Men. I mōnstrāns*] Tuá'st imāgō, tam cōnsimile'st
quam potest.

MEN. II Pol profectō haud est dissimilis, meam cum fōrmam nōścitō.

1066 MESS. [*ad Men. I*] Adulēscēns, quaesō hercle, ēloquere
tuúm mihi nōmen, nisi piget.

1068 MEN. I —∪— Mihi est Menaechmō nōmen.

MEN. II   Immō edepol mihī!

MEN. I Siculus sum Syrācūsānus.

MEN. II   Ea domus et patria est mihī.

1070 MEN. I Quid ego ex tē audiō?

MEN. II   Hoc quod rēs est.

MESS.   Nōvī equidem hunc: erus est meus.

Menaechmus
avus

Moschus ∞ Teuximarcha
pater   māter

Menaechmus   Sōsiclēs
(surreptīcius) (Menaechmus II)
fīliī geminī

speculum : imāginem

negōtium = rēs; negōtī = negōtiī
(*gen sg*)
-'st = est; -e'st = -is est
cōn-similis -e = similis
quam *fierī* potest
pol = profectō (< Pollūx -ūcis,
deus)
dis-similis -e ↔ similis
nōscitāre = cognōscere, spectāre

hercle = profectō (< Herculēs)
ē-loquī
nisi *tē* piget: mē (*acc*) piget
↔ mihi (*dat*) libet
mihi nōmen est 'Menaechmṓ'
(*dat*) = ... 'Menaechmṳs'
ede-pol = pol

Siculus -ī *m*, incola Siciliae
Syrācūsānus -a -um < Syrācūsae

rēs est : vērum est

23

'Hunc' ego 'esse' āiō 'Menaechmum'.

ego 'mē *esse Menaechmum' āiō*

MEN. I |At ego 'mē'.

quae fābula est? = quid fābulāris?

MEN. II   Quae haec fābula'st?

Tū es Menaechmus?

prō-gnātus = nātus; Moschō patre p. = Moschī fīlius
tūn' = tū-ne

MEN. I   'Mē esse' dīcō, 'Moschō prōgnātum patre'.

MEN. II Tūn' meō patre es prōgnātus?

meō *patre prōgnātus sum*

MEN. I   Immō equidem, adulēscēns, meō!

[*sēcum loquēns*]
īn-spērātus -a -um: spēs īnspērāta = quod nōn spērābam
suspicārī = crēdere incipere
mē animus fallit = fallor, errō

MESS. [*sēcum*] Dī immortālēs! Spem īnspērātam date mihī   1081

            quam suspicor!

Nam, nisi mē animus fallit, hī sunt geminī germānī duo,

pariter = aequē, eōdem modō

nam et patriam et patrem commemorant pariter quī fue-

                rint sibī.

sē-vocāre = ā cēterīs vocāre

Sēvocābō erum. [*Clārā vōce*] Menaechme!

MENAECHMI AMBO [*ūnā vōce*]   Quid vīs?

MESS.   Nōn ambōs volō.

nāvī *abl* = nāve

Sed uter vestrum | est advectus mēcum nāvī?   1085

MEN. I   Nōn ego.

MEN. II At ego.

con-cēdere -cessisse = cēdere, īre

MESS.   Tē volō igitur. Hūc concēde!

MEN. II   Concessī. Quid est?

illic illaec illuc = ille illa illud
sȳcophanta -ae *m* = impostor

MESS. Illic homō | aut sȳcophanta aut geminus est frāter

                tuus.

similis -e +*gen; comp* similior, *sup* simillimus

Nam ego hominem hominis similiōrem numquam vīdī

                |alterum,

lacte -is *n* = lac lactis *n*
usquam = ūllō locō (: ūllō modō)

neque aqua aquae nec lacte est lactis, crēde mihi, usquam

                similius

tuī *gen* < tū: hic tuī *similis est*
tūque huius *similis es*
post *adv* = posteā (: praetereā)

quam hic tuī est tūque huius autem; post eāndem patriam   1090

                ac patrem

percontārī = interrogāre

memorat. Meliu'st nōs adīre | atque hunc percontārier.

1093 MEN. II Perge operam dare, obsecrō hercle! Līber estō,

                          sī invenīs

hunc meum frātrem esse.

MESS.   Spērō.

MEN. II |Et ego idem spērō fore.

1095 MESS. [ad Men. I] Quid ais tū? 'Menaechmum', opīnor,

                         'tē vocārī' dīxerās.

MEN. I Ita vērō.

MESS.   Huic item Menaechmō nōmen est. 'In Siciliā

tē Syrācūsīs nātum esse' dīxistī: hic nātu'st ibī.

'Moschum tibi patrem fuisse' dīxistī: huic itidem fuit.

1111 Quid longissimē meministī, dīc mihi, in patriā tuā?

MEN. I Cum patre ut abiī Tarentum | ad mercātum; posteā

inter hominēs mē deerrāre ā patre atque inde āvehī.

MEN. II Iuppiter suprēme, servā mē!

MESS. [ad Men. II]   Quid clāmās? Quīn tacēs?

1115 [ad Men. I] Quot erās annōs nātus, cum tē pater ā patriā

                             |āvehit?

MEN. I Septuennis, nam dentēs mihī cadēbant prīmulum.

Neque patrem postillāc umquam vīdī.

MESS.   Quid? vōs tum patrī

fīliī quot erātis?

MEN. I   Ut nunc māximē meminī, duo.

MESS. Uter erātis, tūn' an ille, māior?

MEN. I   Aequē ambō parēs.

1120 MESS. Quī id potest?

MEN. I   Geminī ambō erāmus.

MEN. II   Dī mē servātum volunt!

MESS. [ad Men. II] Sī interpellās, ego tacēbō.

operam dare = labōrāre, dīligenter cūrāre (ut aliquid fīat)
ob-secrāre = ōrāre (per deōs)

opīnārī = putāre

dīxerās : dīxistī

itidem (< ita-dem) = item
huic itidem Moschus pater fuit
longissimē : prīmum omnium

ut abiī : mē abiisse

de-errāre = aberrāre

suprēmus -a -um = summus

āvehit : āvēxit

cadēbant prīmulum (= prīmum adv) : cadere incipiēbant
post-illāc = posteā

uter erat

parēs erāmus

quī adv = quōmodo
quī id fierī potest?

25

MEN. II   Potius taceō.

MESS.   Dīc mihī:

ūnō nōmine erātis? = ūnum
(idem) nōmen vōbīs erat?
mihi hoc *nōmen* erat

ūnō nōmine ambō erātis?

MEN. I   Minimē, nam mihi hoc | erat
quod nunc est: Menaechmō. | Illum tum vocābant Sōsi-
clem.

MEN. II Mī germāne gemine frāter, salvē! | Ego sum Sō-   1125
siclēs.

post *adv* = posteā

MEN. I Quōmodo igitur post Menaechmō nōmen est
factum tibī?

re-nūntiāre
⟨*⟩ dēsunt circiter XV syllabae
('tē *surreptum esse*...')

MEN. II Postquam ad nōs renūntiātum'st 'tē ⟨*⟩ ....
.... et patrem esse mortuum',

nōmen meum mūtāvit
fēcit mihi : dedit mihi
mī = mihi

noster avus mūtāvit: quod tibi nōmen est, fēcit mihi.

MEN. I Crēdō ita esse factum ut dīcis. Sed mī hoc res-   1130
pondē:

rogāre = interrogāre

MEN. II   Rogā!

MEN. I Quid erat nōmen nostrae mātrī?

Teuximarcha -ae *f* (-ae *dat*)

MEN. II   Teuximarchae.

convenit : ita est

MEN. I   Convenit.

cōn-spicārī = cōnspicere

Ō salvē, īnspērāte, multīs annīs post quem cōnspicor!

et (= etiam) tū *salvē!*
miseria -ae *f* < miser
ūsque ad-hūc = ūsque ad hoc
tempus

MEN. II Frāter, et tū, quem | ego multīs miseriīs, labōribus
ūsque adhūc quaesīvī, quemque ego esse inventum gaudeō.

[*Ad Mess.*] Līber estō!   1148

cum : quoniam

MEN. I   Cum tū es līber, gaudeō, Messēniō.

~ēre = ~ērunt (*perf 3 pl*)
ex sententiā = ex voluntāte

MEN. II Quoniam haec ēvēnēre nostrā, frāter, ex sententiā,   1151
in patriam redeāmus ambō.

volēs *fut 2 sg* < velle
velle *fut 1* volam volēmus
     2 volēs   volētis
     3 volet   volent

MEN. I   Frāter, faciam ut tū volēs...

MESS. Nunc, spectātōrēs, valēte, et nōbīs clārē plaudite!   1162

DE VERSIBVS
Syllabae et pedēs

Syllaba brevis [ᴗ] est quae in vōcālem brevem dēsinit; cēterae omnēs syllabae sunt longae [—]: *sạ-lū̆-tem-... nū̆n-tĭ-ō̆.*

Syllabae acūtae sunt quae leguntur vōce māiōre vel clāriōre quam cēterae. In versibus legendīs et aliae syllabae et syllaba vocābulī ultima acuī potest (ut *il-lúm, ge-mi-nī́, se-néx*).

Vōcālis vocābulī ultima (et *-am, -em, -im, -um*) ante vōcālem (vel *h-*) prīmam vocābulī sequentis ēlīditur [']: *crē-d'i-t'es-se.*

Cōnsonāns vocābulī ultima cum vōcālī (vel *h-*) prīmā vocābulī sequentis contrahitur [⌢]: *qui-d⌢est?*

Interdum bīnae vōcālēs in syllabā contrahuntur: *fŭ͡it, e͡ī, tŭ͡um.*

Versūs in pedēs dīviduntur, quibus nōmina sunt: iambus ᴗ —, trochaeus — ᴗ, anapaestus ᴗᴗ —, dactylus — ᴗᴗ, spondēus — —, tribrachys ᴗᴗᴗ. In singulīs pedibus acuitur syllaba longa vel prior ē bīnīs brevibus.

Trochaicus dīcitur versus quī trochaeōs continet aliōsve pedēs quōrum prīma syllaba acuitur: —́ ᴗ, —́ —, —́ ᴗᴗ, ᴗ́ᴗ —, ᴗ́ᴗᴗ.

Iambicus est versus quī iambōs continet aliōsve pedēs quōrum secunda aut tertia syllaba acuitur: ᴗ —́, — —́, ᴗᴗ —́, — ᴗ́ᴗ, ᴗᴗ́ᴗ.

Sēnāriī sunt versūs quī in sēnōs pedēs dīviduntur, septēnāriī quī septēnōs pedēs continent.

Versus iambicus sēnārius
Hōc versū ūtitur Plautus in prologō – et Phaedrus in *Fābulīs Aesōpiīs* (vidē pāginās 33–41). Pedēs sīc ōrdinantur:

ᴗᴗ —́ | ᴗ —́ | ᴗᴗ —́ | ᴗᴗ —́ | ᴗᴗ —́ | ᴗ —́
ᴗ́ᴗᴗ   ᴗ́ᴗᴗ   ᴗ́ᴗᴗ   ᴗ́ᴗᴗ   ᴗ́ᴗᴗ

Exempla ex *Menaechmīs* cōmoediā:

3 *Ap-pór|tō vō̆|bīs Pláu|tum lín|guā nṓn| ma-nú*

4 *quae-s'út| be-nig|nī-s⌢ác|ci-pi-ā̆|ti-s⌢áu|ri-bús*

5 *Nun-c⌢ár|gū-mén|t'ac-ci-pi|t'at-qu'á-ni|mad-vér|ti-te*

17 *Mer-cā̆|tor quī|dam fŭ͡it| Sy-rā̆|cū-sīs | se-néx*

18 *e-ī̆ | sunt nā̆|tī fī̆|li-ī̆ | ge-mi-nī̆| du-o*

21 *ne-qu'á-de|ō̆ mā̆|te-r⌢íp|sa qu'íl|lō̆s pé-pe|re-rát*

24 *post-quám| iam pú-e|rī sép|tu-én|nēs súnt| pa-tér*

26 *im-pō̆|ni-t⌢ál|te-rúm| ge-mi-n'ín| nā-vém |pa-tér*

31 *pu-e-r⌢ín|te-r⌢hó-mi|nēs⌢í-b'a|ber-rā̆|vi-t⌢ā̆| pa-tre*

44 *e- t⌢íp|su-s⌢e-ō̆|d'a-vu-s⌢ést| vo-cā̆|tus nṓ|mi-ne*

60 *a-dóp|ta-t⌢íl|lum pú-e|rum súr|rep-tī̆|ci-úm*

62 *e-úm|qu'hē-ré|dem fē̆|cit c'íp|s'o-bi-ít| di-ém*

27

ᴗ syllaba brevis
— syllaba longa

´ syllaba acūta

acuere -uissse -ūtum = acūtum facere

crēd(ō) it(a) esse (1130)

pedēs:
ᴗ — iambus -ī *m*
— ᴗ trochaeus -ī *m*
ᴗᴗ — anapaestus -ī *m*
— ᴗᴗ dactylus -ī *m*
— — spondēus -ī *m*
ᴗᴗᴗ tribrachys -yis *m*

trochaicus -a -um< trochaeus

iambicus -a -um < iambus

sēnārius -a -um < sēnī (6)
septēnārius -a -um
 < septēnī (7)

Vocābula nova:
ad-eō: neque adeō 21
ad-optāre 60
aegritūdō -inis *f* 35
argūmentum -ī *n* 5
-ārier = -ārī (*īnf pass*)74, 1091
ā-vehere 27, 33, 1113, 1115
avus -ī *m* 38, 40, 44
benignus -a -um 4
con-cēdere -cessisse 1086
cōn-ferre 6
cōn-similis -e 1063
cōn-spicārī 1132
con-venīre: convenit 1131
crux: mala c. 66
de-errāre 1113
dē-spondēre -disse 35
dis-similis -e 1064
dūdum *adv* 57
dōtātus -a -um 61
edepol 1068
ē-loquī 1066
ē-morī 36
errāre 47 (1082)
ē-venīre 67, 1151

germānus -ī *m* 71, 1082, 1125
habēre = habitāre 69
hercle 1066, 1093
hērēs -ēdis *m* 62
illic = ille 1087
im-mūtāre 40
in-dere -didisse -ditum 42
īn-spērātus -a -um 1081,1132
inter-nō(vi)sse 20
itidem 1098
lacte = lac 1089
lēnō -ōnis *m* 75
longissimē 1111
longulē 64
mamma -ae *f* 20
mercātus -ūs *m* 27, 1112
miseria -ae *f* 1133
mortālēs -ium *m pl* 30
negōtium -ī *n* 1063
nōscitāre 1064
ob-īre -iisse, diem o. 62
ob-secrāre 1093
onerāre 25
onus -eris *n* (25)
opīnārī 1095
pariter 1083
per-contārī 1091
per-dere -didisse 34
pigēre: piget 1066
pluere -ūvisse 63
pol 1064
post-illāc 1117
prīmulum *adv* 1116
prō-gnātus -a -um 1072,1073
quaeritāre 71
quaesō 4, 1066
quī *adv* 1120
raptor -ōris *m* 65
re-nūntiāre 1127
rūs *adv* 63
sententia: ex sententiā 1151
septuennis -e 24, 1116
sē-vocāre 1084
sub-dūcere 65
suprēmus -a -um 1114
surreptīcius -a -um 68
suspicārī 1081
sӯcophanta -ae *m* 1087
tollere 33
tuī (*gen* < tū) 1090
usquam 1089

Exempla ex *Fabulīs Aesōpiīs:*

Ae-sṓ|pu-s⌢áuc|tor quám| mā-té-ri̯|am rép|pe-rít   prol.1

han-c⌢é-go| po-lī̆|vī̆ vér|si-bús|sē-nā̆|ri-ı̄́s   prol.2

Ad rī̆|v'e-ún|dem lú-pu-|s⌢e-t⌢ág|nus vḕ|ne-ránt   I.1.1

si-tī̆| com-púl|sī. sú-pe|ri-ór| stā-bát| lu-pús   I.1.2

An-t'hṓs| sex mḗn|sē-s⌢aı́t| ma-le-dı̆x|is-tı̄́| mi-hī̆   I.1.10

Res-pón|di-t⌢ág|nu-s⌢é-qui|dem nā̆|tus nṓ|n⌢e-rám   I.1.11

Pa-te-r⌢hér|cle tú-u|s⌢il-l'ín|quit má-le|dı̆x-ı́t| mi-hī̆   I.1.12

Á-mít|tit mé-ri|tō pró-pri|um qu'á-li̯|ē-n'áp|pe-tít   I.2.1

Versus trochaicus septēnārius

Hic versus cōnstat ex septem pedibus integrīs et ūnā syllabā
longā vel brevī. Hōc versū ūtitur Plautus in scaenā ultimā
cōmoediae cui titulus est *Menaechmī*. Pedēs sīc ōrdinantur:

$$-\cup\,|\cup\cup\,|\;\;-\cup\,|\cup\cup\,|\;\;-\cup\,|\cup\cup\,|\;\;-\cup\,|\cup\cup\,|\;\;-\cup\,|\cup\cup\,|\;\;-\cup\,|\cup\cup\,|\;\;-\cup$$

Exempla ex *Menaechmīs:*

d'ím-mor|tā́-lēs | quí-d⌢e-go| ví-de-ō | quíd vi|dḗs spe-cu|lúm   1062
                                             tu-|úm

quí-d⌢e-g'ex| t'áu-di̯'|hóc quod| rḗ-s⌢est| nṓ-v'e-qui|d'hún-   1070
                                  c⌢e-ru|s⌢ést me|ús

né-qu'a-qu'a|quáe nec| lác-te'st| lác-tis | crḗ-de mi|h'ús-quam| 1089
                                          sí-mi-li|ús

pér-g'o-pe|rám da|r'ób-se-|cr'hér-cle| lı̆-be-|r'és-tō|s'ín-ve|nı́s   1093

húnc me|úm frā|tr'és-se| spḗ-rō | é-t⌢e-g'i̯|dém spḕ|rṓ- fo|re   1094

quid lon|gís-si|mḗ me-mi|nís-tī | dīc mi|h'ín pa-tri̯|ā̆ tu|ā̆   1111

mı́ ger|mā̆-ne| gé-mi-ne| frā-ter| sál-vē | é-go sum| Sō-si|clḗs   1125

ṓ sal|v'ín-spē|rā̆-te| múl-tī|s⌢án-nīs| póst quem| cṓn-spi|cór   1132

núnc spec| tā̆-tō|rēs va|lḗ-t'et| nṓ-bīs| clā̆-rē| pláu-di|te   1162

DE RE RVSTICA

M. Porcius Catō: DE AGRI CVLTVRA, I. 2

[*M. Porcius Catō nātus est Tūsculī annō CCXXXIV a.C.*
Ōrātor fuit ēgregius, quī multīs ōrātiōnibus luxuriam ac
flāgitia Rōmānōrum vituperāre solitus est. Fīlius agri-
colae ipse agricola sēdulus, dum in praediō suō morātur,
scrīpsit librum 'Dē agrī cultūrā'. Senex historiam cōn-
scrīpsit dē rēbus ā Rōmānīs gestīs ūsque ab orīgine urbis
Rōmae, sed hoc opus, cui titulus est 'Orīginēs', iam
dūdum periit. Catō mortuus est annō CXLIX a.C.]

Māiōrēs nostrī... virum bonum cum laudābant, ita laudābant 'bonum agricolam bonumque colōnum'. Amplissimē laudārī exīstimābātur quī ita laudābātur. ...

2 Pater familiās ubi ad vīllam vēnit, ubi Larem famili-
ārem salūtāvit, fundum eōdem diē, sī potest, circumeat; sī
nōn eōdem diē, at postrīdiē.

Ubi cognōvit, quō modō fundus cultus siet operaque
quae facta īnfectaque sient, postrīdiē eius diēī vīlicum
vocet, roget 'quid operis siet factum, quid restet? satisne
temperī opera sient cōnfecta? possitne quae reliqua sient
cōnficere? et quid factum vīnī, frūmentī?' aliārumque
rērum omnium.

2 Ubi ea cognōvit, ratiōnem inīre oportet operārum,
diērum. Sī eī opus nōn appāret, dīcit vīlicus 'sēdulō sē
fēcisse, servōs nōn valuisse, tempestātēs malās fuisse,
opus pūblicum effēcisse' – ubi eās aliāsque causās
multās dīxit, ad ratiōnem operum operārumque vīlicum
3 revocā. Cum tempestātēs pluviae fuerint, 'quae opera per
imbrem fierī potuerint: dōlia lavārī, vīllam pūrgārī, frū-

---

cultūra -ae *f* < colere -uisse
  cultum
ōrātor -ōris *m* = quī ōrātiōnēs habet (: verba facit ad populum)
luxuria -ae *f* = vīta magnifica
flāgitium -ī *n* = factum turpe
vituperāre = reprehendere
  solēre solitum esse
sēdulus -a -um = dīligēns; *adv* -ō
morārī (< mora) = diūtius in
  locō manēre
historia -ae *f* = nārrātiō rērum
  gestārum
orīgō -inis *f* (< orīrī) = prīncipium unde ortum est aliquid

māiōrēs -um *m pl*, m. nostrī =
  quī ante nōs vīxērunt: patrēs
  avīque et cēt.
amplus -a -um = magnus (lātus
  et altus); *adv sup* amplissimē
  = māximē
ubi +*perf* = postquam
Lar (familiāris) -is *m*, deus quī
  domum et familiam tuētur
fundus -ī *m* = praedium
circum-īre; -*eat* : -īre dēbet
postrī-diē (eius diēī) = posterō
  diē
siet, sient = sit, sint
īn-fectus -a -um = nōn factus
vīlicus -ī *m* = vīllae prōcūrātor
voc*et*, rog*et* : dēbet vocāre *et*
  rogāre (= interrogāre)
re-stāre = reliquus esse
temperī *adv* ↔ tardē, sērō

quid vīnī? : quantum vīnī?

ratiōnem in-īre +*gen* = numerum computāre
sī eī opus *factum esse* nōn appāret (: vidētur), *et sī* dīcit vīlicus
tempestās : ventus, imber, toni-
  trus, nix, cēt.
opus pūblicum *sē* effēcisse
ad ratiōnem : ad computandum
  quantum factum sit
pluvius -a -um < pluere
dīc eī 'quae opera...'
dōlium -ī *n* = magnum vās quō
  continētur vīnum/frūmentum
pūrgāre = pūrum facere

29

sterculīnum -ī *n* = locus quō
stercora colliguntur
sarcīre = ēmendāre, *re-ficere*
(< re- + facere)

fūnis
-is *m*

disciplīna -ae *f* = modus disci-
pulīs/servīs imperandī
aliēnum -ī *n* = rēs aliēna; *ab* ali-
ēnō manum abstineat (: dēbet
abstinēre)
nē sit/eat : nōn dēbet esse/īre
ambulātor -ōris *m* = quī ambulat
sōbrius -a -um ↔ ēbrius
nē quō = nē in ūllum locum, nē
ad quem(quam)

cubitus -ūs *m* < cubāre; *ē* cubitū
= ē lectō
cubitum *supīnum* < cubāre -uisse
prius *quam cubitum it* videat
(: cūret) utī vīll*a* clausa sit
iūmentum -ī *n* = bēstia quae ad
trahendum adhibētur, ut equus,
bōs, *asellus* (= asinus)

dīligentia -ae *f* < dīligēns

vōmer -eris *m* = pars arātrī
acūta quae terram secat
mātūrē = temperī
cōnficiās fac = fac (: cūrā) *ut*
cōnficiās

inter-diū ↔ noctū *adv* = nocte
clausōs : inclūsōs

vīlica -ae *f* = vīlicī uxor
cūrātō *ut* faciat
contentus -a -um + *abl* = quī suā
rē dēlectātur, quī satis habet
facitō *ut* ea tē metuat!
nimium *adv* = nimis
luxuriōsus -a -um < luxuria
ambulātrīx -īcis *f* = quae ambulat
focus -ī *m* = ignis domesticus
circum-vertere

diēs fēstus = diēs ōtiōsus quō
diī adōrantur
super focum est imāgō Laris
prō cōpiā = ut tempus eī est
supplicāre + *dat* = adōrāre et
precārī (deōs)
coquere coxisse coctum

---

mentum trānsferrī, stercus forās efferrī, sterculīnum fierī,
sēmen pūrgārī, fūnēs sarcīrī, novōs fierī'.

....

Haec erunt vīlicī officia: 5

    Disciplīnā bonā ūtātur...

stercus -oris *n*

    Aliēnō manum abstineat, sua servet dīligenter...

    Prō beneficiō grātiam referat, ut aliīs rēctē facere libeat. 2

    Vīlicus nē sit ambulātor, sōbrius sit semper, ad cēnam
nē quō eat...

    Nē plūs cēnseat sapere sē quam dominus!

    Amīcōs dominī – eōs habeat sibi amīcōs...   3

    Prīmus cubitū surgat, postrēmus cubitum eat. Prius 5
vīllam videat clausa utī sit, et utī quisque suō locō cubet,
et utī iūmenta pābulum habeant.

arātrum

vōmer

[*Admonētur vīlicus:*]

    Bovēs māximā dīligentiā cūrātōs habētō! ...   6

    Arātra vōmerēsque facitō utī bonōs habeās! ...   7

    Opera omnia mātūrē cōnficiās fac, nam rēs rūstica sīc
est: sī ūnam rem sērō fēceris, omnia opera sērō faciēs...

    Canēs interdiū clausōs esse oportet, ut noctū ācriōrēs et 124
vigilantiōrēs sint...

    Vīlicae quae sunt officia, cūrātō faciat! Sī eam tibi 143
dederit dominus uxōrem, eā estō contentus! Ea tē metuat
facitō! Nē nimium luxuriōsa siet!... Ad cēnam nē quō eat,
nēve ambulātrīx siet... Munda siet. Focum pūrum circum- 2
versum cotīdiē, priusquam cubitum eat, habeat. Kalendīs,
īdibus, nōnīs, fēstus diēs cum erit, corōnam in focum in-

dat, per eōsdemque diēs Larī familiārī prō
cōpiā supplicet. Cibum tibi et familiae cūret

corōna -ae *f*   utī coctum habeat.

30

FABVLAE AESOPIAE

[*Aesōpus* appellātur Graecus auctor fābulārum dē *bēstiīs* itemque dē hominum nātūrā et mōribus. *Phaedrus*, poēta Rōmānus, quī lībertus Imperātōris Augustī fuit, fābulās Aesōpiās Latīnīs versibus sēnāriīs *reddidit. Posteā eās-dem fābulās ōrātiōne solūtā ēdidit* magister quīdam, '*Rōmulus*' quī vocātur. Sequuntur exempla ex librō eius, cui titulus est 'Aesōpus Latīnus'.]

Aesōpus -ī *m; adi* Aesōpius -a -um
auctor -ōris *m* = quī prīmus aliquid fēcit/scrīpsit
Phaedrus -ī *m*
lībertus -ī *m;* lībertus Augustī : servus Augustī līberātus
Imperātor : prīnceps Rōmānus; Augustus, Iūliī Caesaris fīlius adoptātus, I. factus a. 27 a.C.
ōrātiō solūta ↔ versūs
ē-dere -didisse -ditum < ē + dare; (librum) ēdere : pūblicum facere

DE GALLO ET MARGARITA

[*Aesōpus Latīnus, 1*]

Aesōpus prīmam dē sē fābulam dīxit:

   Gallus ēscam in sterculīnō quaerēns invēnit margarī-tam. Quam ut vīdit, sīc ait: "Optima rēs, in sterculīnō iacēs! Sī tē cupidus homō invēnisset, cum gaudiō tē rapu-isset, ut redīrēs ad splendōrem prīstinum. Ego frūstrā tē invēnī in hōc locō iacentem, ubi potius mihi ēscam quaerō. Nec ego tibi prōsum nec tū mihi."

   Hoc illīs Aesōpus nārrat quī eum nōn intellegunt.

ēsca -ae *f* (< ēsse) = cibus
ut +*perf* = postquam

splendor -ōris *m* < *splendēre* = pulchrē lūcēre (ut gemma)
prīstinus -a -um = antīquus

nec tū mihi *prōdes*

DE AGNO QVI FALSO ACCVSATVR

[*Aesōpus Latīnus, 3*]

Aesōpus dē innocentī et improbō tālem rettulit fābulam:

   Agnus et lupus sitientēs ad eundem rīvum vēnērunt. Superior stābat lupus longēque īnferior agnus.

   Lupus, ut agnum vīdit, sīc ait: "Cūr turbāvistī mihi aquam bibentī?"

   Agnus patiēns dīxit: "Quōmodo aquam tibi turbāvī, quae ā tē ad mē dēcurrit?"

agnus -ī *m* = pullus ovis
falsus -a -um, *adv* falsō

in-nocēns -entis = quī nēminī nocet (↔ scelestus)
re-ferre rettulisse re-lātum = memorāre, nārrāre

(aquam) turbāre = turbidam (: sordidam) facere

ipse dē-currere

31

Cui lupus "Ante hōs sex mēnsēs" inquit "maledīxistī mihi!"

Agnus ait: "Nōn maledīxī tibi, nam tunc ego nātus nōn eram!"

Lupus dīxit: "Ergō pater tuus maledīxit mihi!" — et statim īnsiluit in eum et innocentī vītam ēripuit!

Haec in illōs dicta est fabula quī fictīs causīs innocentēs opprimunt.

in-silīre -uisse < in + salīre

fingere fīnxisse fictum = arte efficere, excōgitāre (falsum)
op-primere -pressisse -pressum (< ob + premere) = vī perdere

DĒ SĪMIŌ IMPERĀTŌRE

[*Aesōpus Latīnus, 78*]   sīmius -ī m

Duo hominēs, ūnus fallāx, alter vērāx, simul iter agēbant, et vēnērunt in prōvinciam sīmiōrum. Quōs hominēs ut vīdit ūnus ex multitūdine sīmiōrum, quī sē aliīs priōrem cōnstituerat, iussit eōs tenērī et interrogārī 'quid illī hominēs dē eō dīcerent?' iussitque omnēs sīmiōs sibi similēs adstāre ante sē ōrdine longō, dextrā laevāque, et sedīle sibi parārī in mediō, sīcut vīderat Imperātōrem aliquandō. Iubentur posteā hominēs addūcī in medium.

At ille sīmius māior ait illī quī fallāx erat: "Quid sum ego?"

Fallāx dīxit: "Tū es Imperātor!"

Iterum interrogāvit: "Et istī quōs ante mē stāre vidēs, quid sunt?"

Idem fallāx respondit: "Hī comitēs sunt tuī, prīmicēriī, campidoctōrēs, et cēterī officiālēs."

Et prō hōc sīmius, quī mendāciter laudātus est cum turbā suā, ōsculātus est hominem fallācem et mūnera illī dedit.

vērāx -ācis (< vērus) *adi* ↔ fallāx

priōrem : prīncipem

dē eō : dē sē
ad-stāre
laeva -ae *f* ↔ dextra; dextrā l.āque = ad dextram laevamque
sedīle -is *n* = sella

ad-dūcere ↔ ab-dūcere

prīmicērius -ī *m* = prīnceps
campi-doctor -ōris *m* = quī mīlitēs in campō docet
officiālis -is *m* = quī officium pūblicum habet
mendāx -ācis *adi* = quī mentītur, fallāx; *adv* -āciter

32

Vērāx autem homō haec apud sē dīcēbat: "Sī iste quī
mendāx est et omnia mentītur, sīc est acceptus et remūne-
rātus, quantō magis egō, sī vērum dīxerō, mūnerābor!"

Dum haec sēcum dēlīberat, ait illī sīmius quī sē 'Imperātōrem' dīcī volēbat: "Dīc tū, homō: quid sum ego et hī
quōs ante mē vidēs?"

At ille, quī vēritātem amābat semper et loquī vērum
cōnsuēverat, respondit: "Tū sīmius es et hī omnēs sīmiī
sunt similēs tibi!"

Continuō iubētur lacerārī dentibus et unguibus, quia
quod vērum fuit dīxerat!

Sīmia quam similis, turpissima bēstia, nōbīs!

[Ennius: *Satirae*, 69]

[*Sequuntur exempla ex Phaedrī 'Fābulīs Aesōpiīs'. Post
brevem prologum, quō poēta lēctōribus prōpōnit dōtem
librī suī duplicem – id est dēlectāre atque admonēre – ,
fābella prīma nārrātur dē iūrgiō ācrī quod habuit lupus
latrō cum agnō innocentī (Aesōpus Latīnus, fābula 3).*]

PROLOGVS

Aesōpus auctor quam māteriam repperit
hanc ego polīvī versibus sēnāriīs.
Duplex libellī dōs est: quod rīsum movet
et quod prūdentī vītam cōnsiliō monet.
5 Calumniārī sī quis autem voluerit
quod arborēs loquantur, nōn tantum ferae,
fictīs iocārī nōs meminerit fābulīs.

---

apud sē (sē-cum) dīcere : cōgitāre
(re-)mūnerāre (aliquem) = (alicui) mūnus dare

dē-līberāre = cōgitāre (sēcum)

vēritās -ātis *f* < vērus

cōn-suēscere -suēvisse = mōrem sibi facere; -suēvisse =
  solēre; -suēverat = solēbat

lacerāre = scindere

unguis
  -is *m*

sīmia -ae *f* = sīmius

satira -ae *f* = versūs iocōsī dē
  variīs rēbus

lēctor -ōris *m* = quī legit
prō-pōnere
dōs dōtis *f* = dōnum quod alicui
  dēbētur (ut marītō ab uxōre)
duplex -icis *adi* < duo
fābella -ae *f* = fābula brevis

latrō -ōnis *m* = quī rēs aliēnās
  vī rapit

māteriam quam Aesōpus auctor
  repperit, (hanc) ego polīvī...
polīre = splendentem facere
  (fricandō)

prūdentī vītam monēre = prū-
  dentem dē vītā monēre
calumniārī = accūsāre (falsō),
  reprehendere

meminerit *coni perf* : reminīscā-
  tur (nōs iocārī fictīs fabulīs)
iocārī = iocōsē dīcere

33

DE LVPO ET AGNO

Phaedrus: Fābulae Aesōpiae, I.1

Ad rīvum eundem lupus et agnus vēnerant
siti compulsī. Superior stābat lupus,
longēque īnferior agnus.

Tunc fauce improbā

latrō incitātus iūrgiī causam intulit:
"Cūr" inquit "turbulentam fēcistī mihī   5
aquam bibentī?"

Lāniger contrā timēns:

"Quī possum, quaesō, facere quod quereris, lupe?
Ā tē dēcurrit ad meōs haustūs liquor!"
Repulsus ille vēritātis vīribus:
"Ante hōs sex mēnsēs" aît "maledīxistī mihī!"   10
Respondit agnus: "Equidem nātus nōn eram!"
"Pater hercle tuus" ille inquit "maledīxit mihī!"
– atque ita correptum lacerat iniūstā nece!

Haec propter illōs scrīpta est hominēs fābula
quī fictīs causīs innocentēs opprimunt.   15

DE CANE AVIDO DECEPTO

Phaedrus, I.4

Āmittit meritō proprium quī aliēnum appetit.

Canis per flūmen carnem cum ferret natāns,
lymphārum in speculō vīdit simulācrum suum;
aliamque praedam ab aliō cane ferrī putāns
ēripere voluit. Vērum dēcepta aviditās   5
et quem tenēbat ōre dīmīsit cibum
nec quem petēbat adeō potuit tangere!

Margin glossary:

com-pellere -pulisse -pulsum = cōgere

faucēs -ium *f pl* = ōs dēvorāns; cupiditās vorandī (-e *abl sg*)
latrō : lupus
incitāre = excitāre animum
īn-ferre in-tulisse il-lātum
turbulentus -a -um = turbidus; (aquam) turbulentam (: sordidam) facere = turbāre

lāni-ger -erī *m* = quī lānam gerit (: agnus)
quī *adv* = quōmodo
haustus -ūs *m* < haurīre; meōs h.ūs : locum ubi hauriō (: bibō)
liquor -ōris *m* = māteria *liquida*, ut aqua, lac, vīnum, oleum...
re-pellere reppulisse re-pulsum

cor-ripere -iō -ripuisse -reptum = reprehendere, accūsāre
ita correptum *agnum* lacerat
haec fābula

avidus -a -um = cupidus habendī/edendī
dē-cipere -iō -cēpisse -ceptum = fallere
meritō *adv* = ut meritum est
proprium -ī *n* ↔ aliēnum
ap-petere (< ad-) = cupidē petere

lympha -ae *f* = aqua
simulācrum -ī *n* = imāgō
praeda -ae *f* = quod captum est

aviditās -ātis *f* < avidus; dēcepta a. : canis avidus dēceptus
dī-mīsit : āmīsit (cibum quem ōre tenēbat)
ad-eō *adv* = etiam; nec adeō = ac nē quidem

34

vacca -ae *f*

capra -ae *f*

cervus -ī *m*

capella -ae *f* = parva capra

DE SOCIIS LEONIS

Phaedrus, I.5

Numquam est fidēlis cum potentī societās.

Testātur haec fābella prōpositum meum:

    Vacca et capella et patiēns ovis iniūriae

  sociī fuēre cum leōne in saltibus.

5 Hī cum cēpissent cervum vāstī corporis,

  sīc est locūtus, partibus factīs, leō:

  "Ego prīmam tollō, nōminor quia 'rēx Leō';

  secundam, quia sum fortis, tribuētis mihī;

  tum, quia plūs valeō, mē sequētur tertia

10 – malō afficiētur sī quis quārtam tetigerit!"

    Sīc tōtam praedam sōla improbitās abstulit!

socius -ī *m* = quī commūnī negōtiō coniungitur cum aliquō
fidēlis -e = fīdus : tūtus
potēns -entis *adi* = quī potes-
  tātem habet
societās -tātis *f* < socius
testārī (< testis) = dēmōnstrāre
prōpositum -ī *n* (< prō-pōnere)
  = dictum quod prōpōnitur
patiēns iniūriae (*gen*) = quī in-
  iūriam patitur | ~ēre = ~ērunt
saltus -ūs *m* = silva (in monte)
vāstus -a -um = ingēns

prīmam *partem*

tribuere -uisse -ūtum = dare
  (quod dēbētur), trādere
valēre = validus esse
mē sequētur : mihi dabitur
sī quis : quisquis

improbitās -ātis *f* < improbus;
  sōla i. : sōlus leō improbus

persōna tragica

persona cōmica

vulpēs -is *f*

DE VVLPE ET PERSONA INANI

Phaedrus, I.7

Persōnam tragicam forte vulpēs vīderat:

"Ō quanta speciēs!" inquit, "– cerebrum nōn habet!"

Hoc illīs dictum est quibus honōrem et glōriam

fortūna tribuit – sēnsum commūnem abstulit.

inānis -e = vacuus

tragicus -a -um (↔ *cōmicus*) =
  quī convenit ad *tragoediam*
tragoedia -ae *f* (↔ cōmoedia)
  = fābula scaenica sēria
speciēs -ēī *f* = quod aspicitur,
  fōrma pulchra, pulchritūdō
honōs -ōris *m* = laus, glōria
sēnsus -ūs *m* < sentīre; s. commūnis = mēns rēctē sentiēns
  dē rē commūnī, mēns sāna

LVPVS ET VVLPES IVDICE SIMIO

Phaedrus, I.10

Quīcumque turpī fraude semel innōtuit,

etiam sī vērum dīcit, āmittit fidem.

Hoc attestātur brevis Aesōpī fābula:

  Lupus arguēbat vulpem fūrtī crīmine.

Negābat illa 'sē esse culpae proximam'.   5

Tunc iūdex inter illōs sēdit sīmius.

Uterque causam cum perōrāsset suam,

dīxisse fertur sīmius sententiam:

"Tū nōn vidēris perdidisse quod petis! –

Tē crēdō surripuisse quod pulchrē negās!"   10

CERVI CRVRA CORNIBVS VTILIORA

Phaedrus, I.12

cervī
cornua

'Laudātīs ūtiliōra quae contēmpseris

saepe invenīrī' testis haec nārrātiō est.

  Ad fontem cervus, cum bibisset, restitit

et in liquōre vīdit effigiem suam.

Ibi dum rāmōsa mīrāns laudat cornua   5

crūrumque nimiam tenuitātem vituperat,

vēnantum subitō vōcibus conterritus

per campum fugere coepit, et cursū levī

canēs ēlūsit. Silva tum excēpit ferum,

in quā retentīs impedītus cornibus   10

lacerārī coepit morsibus saevīs canum!

  Tum moriēns vōcem hanc ēdidisse dīcitur:

"Ō mē īnfēlīcem! quī nunc dēmum intellegō

ūtilia mihi quam fuerint quae dēspexeram,

et quae laudāram quantum lūctūs habuerint!"   15

Marginal glosses:

quī-cumque = quisquis
fraus -dis *f* ↔ vēritās
in-nōtēscere -tuisse = nōtus fierī
āmittit fidem : nēmō eī fīdit

at-testārī = testārī

arguere -uisse -ūtum = accūsāre
crīmen -inis *n* = quod accūsātur
culpa -ae *f* = causa accūsandī;
  culpae proximus ↔ innocēns

per-ōrāre = ōrātiōnis fīnem
  facere; -āsset = -āvisset
fertur = nārrātur

"tū, *lupe,* nōn vidēris perdidisse
(= āmīsisse)..."
"tē, *vulpēs,* ..."
pulchrē = plānē

ūtilis -e (< ūtī) = bonus ad
  ūtendum
"ea quae contēmpsistī saepe in-
  veniuntur ūtiliōra esse quam
  ea quae laudāvistī"
laudātīs = *quam* laudāta (: ea
  quae laudāta sint)
testis est = testātur
fōns fontis *m* = aqua ē terrā ē-
  rumpēns (unde incipit rīvus)
effigiēs -ēī *f* = imāgō

rāmōsus -a -um < rāmus

tenuitās -ātis *f* < tenuis
vēnārī = ferās persequī atque
  occīdere; vēnant*um* = -*ium*
con-terrēre = terrēre
cursus -ūs *m* < currere
ē-lūdere -sisse -sum = dēcipere
ex-cipere -iō -cēpisse -ceptum
  = accipere | ferum : cervum
impedīre = cursū/fugā prohibēre
re-tinēre -uisse -tentum
morsus -ūs *m* < mordēre

quam ūtilia mihi fuerint *ea* quae
  dēspexeram (: crūra), et quae
  laudāveram (: cornua) ...!
lūctus -ūs *m* < lūgēre
habuerint : mihi attulerint

36

DE CORVO STVPIDO

Phaedrus, I.13

corvus -ī *m*

3 Cum dē fenestrā corvus raptum cāseum
comēsse vellet, celsā residēns arbore,
5 vulpēs hunc vīdit, deínde sīc coepit loquī:
"Ō, quī tuārum, corve, pennārum est nitor!
Quantum decōrem corpore et vultū geris!
Sī vōcem habērēs, nūlla prior āles foret!"
At ille stultus, dum vult vōcem ostendere,
10 ēmīsit ōre cāseum, quem celeriter
dolōsa vulpēs avidīs rapuit dentibus!
Tum dēmum ingemuit corvī dēceptus stupor.

stupidus -a -um = stultus

cāseum raptum dē fenestrā
com-ēsse = ēsse
re-sidēre = sedēre; residēns *in*
    celsā arbore

nitor -ōris *m* = splendor; quī n.!
    : quantus n.!
decor -ōris *m* (< decēre) = pul-
    chritūdō; *in* corpore et vultū
prior : superior, melior
āles -itis *f* (< āla) = avis
foret = esset

ē-mittere; ēmīsit *ex* ōre
dolōsus -a -um = fallāx; < *dolus*
    -ī *m* = cōnsilium fallendī
in-gemēscere -uisse = *gemere* =
    ob dolōrem querī vōce incondītā
stupor -ōris *m* = quālitās stupidī;
    corvī dēceptus stupor : corvus
    stupidus dēceptus

DE RANA QVAE SE INFLAVIT

Phaedrus, I.24

rāna - ae *f*

pellis -is *f*

frōns rūgōsa
(contracta)

rūga

Inops, potentem dum vult imitārī, perit.
  In prātō quondam rāna cōnspexit bovem,
et tācta invidiā tantae magnitūdinis
rūgōsam īnflāvit pellem.
                  Tum nātōs suōs
5 interrogāvit 'an bove esset lātior?'
Illī negārunt.
              Rūrsus intendit cutem
māiōre nīsū, et similī quaesīvit modō
'quis māior esset?'
                Illī dīxērunt 'bovem'.
Novissimē indignāta, dum vult validius
10 īnflāre sēsē, ruptō iacuit corpore!

īn-flāre = āere implēre

in-ops -opis ↔ potēns -entis
prātum -ī *n* = campus cum herbā
quondam *adv* = aliquandō
tācta : affecta, permōta
invidia -ae *f* < invidēre
magnitūdō -inis *f* < magnus
rūgōsus -a -um < *rūga* -ae *f*

nātus -ī *m* = fīlius

lātior : māior

-ārunt = -āvērunt
in-tendere -disse -tum = māiō-
    rem facere extendendō
cutis -is *f* = pellis nūda
nīsus -ūs *m* = labor, vīrēs (< *nītī*
    nīsum = valdē labōrāre)
quis : uter

'bovem *māiōrem esse*'

novissimē = postrēmō
indignārī = indignum putāre

37

luscinia
-ae *f*

oblīquus -a -um ↔ rēctus:
[/] līnea oblīqua
[|] līnea rēcta

indignē ferre = indignārī
"quod cantūs lusciniae *mihi* nōn
tribu*istī*" (tribu*erit* *coni* perf 3)
admīrābilis -e = admīrandus
ōrātiō *rēcta* ["..."]: "ill*a* est admīrābil*is*" *inquit*, "*ego* dērīde*or*
simul ac vōcem mīs*ī*"
ōrātiō *oblīqua* ['...']: *dīxit* 'ill*am*
esse admīrābil*em*, *sē* dērīdē*rī* simul ac vōcem mīs*erit*' (*coni 3*)
fōrma : pulchritūdō; fōrmā *lus-*
ciniam vincis
smaragdus -ī *m*, gemma pretiōsa
prae-fulgēre = splendēre; *in* collō
pingere pīnxisse pictum = colōre
ōrnāre | plūma -ae *f* = penna
gemmeus -a -um < gemma
quō (: cūr) *mihi* mūtam speciem
dedistī, sī vincor sonō (: cantū)?
fāta = diī quī fāta statuunt
arbitrium -ī *n* = iūs statuendī
partēs : quae cuique agenda sunt
melos *n indēcl* = cantus
augurium -ī *n* = ars fātum cognōscendī et *prae-dīcendī*
ōmen -inis *n* = signum reī futūrī;
ō. laevum = adversum, īnfēlīx

affectāre = avidē appetere

pāvō -ōnis *m*

PAVO AD IVNONEM

Phaedrus, III.18

pāvō caudam explicat

Pāvō ad Iūnōnem vēnit indignē ferēns
cantūs lusciniae quod sibī nōn tribuerit:
'illam esse cūnctīs avibus admīrābilem,
sē dērīdērī simul ac vōcem mīserit!'
Tunc cōnsōlandī grātiā dīxit dea: 5
"Sed fōrmā vincis, vincis magnitūdine:
nitor smaragdī collō praefulget tuō
pictīsque plūmīs gemmeam caudam explicās."
[*Pāvō:*] "Quō mī" inquit "mūtam speciem, sī vincor
sonō?"
[*Iūnō:*] "Fātōrum arbitriō partēs sunt vōbīs datae: 10
tibi fōrma, vīrēs aquilae, lusciniae melos,
augurium corvō, laeva cornīcī ōmina –
omnēsque propriīs sunt contentae dōtibus.
Nōlī affectāre quod tibi nōn est datum!"

cornīx -īcis *f*

DE VVLPE ET VVA

Phaedrus, IV.3

famē = fame (*abl*)

Famē coācta vulpēs altā in vīneā
ūvam appetēbat summīs saliēns vīribus.
Quam tangere ut nōn potuit, discēdēns ait:
"Nōndum mātūra est, nōlō acerbam sūmere!"

ea quae facere nōn possunt
ē-levāre = levem facere, parvī
aestimāre
a-scrībere + *dat* = reminīscen-
dum facere

Quī facere quae nōn possunt verbīs ēlevant, 5
ascrībere hoc dēbēbunt exemplum sibī.

DE SIMONIDE NAVFRAGO

Phaedrus, IV.22

Homo doctus in sē semper dīvitiās habet.

Simōnidēs, quī scrīpsit ēgregium melos,
quō paupertātem sustinēret facilius,
circum īre coepit urbēs Asiae nōbilēs
5 mercēde acceptā laudem victōrum canēns.
Hōc genere quaestūs postquam locuplēs factus est,
redīre in patriam voluit cursū per mare
(erat autem, ut āiunt, nātus in Cīā īnsulā).
Ascendit nāvem, quam tempestās horrida
10 – simul et vetustās – mediō dissolvit marī!
Hī zōnās, illī rēs pretiōsās colligunt
subsidium vītae. Quīdam cūriōsior:
"Simōnidē, tū ex opibus nīl sūmis tuīs?"
"Mēcum" inquit "mea sunt cūncta." Tum paucī ēnatant,
15 quia plūrēs onere dēgrāvātī perierant.
Praedōnēs adsunt: rapiunt quod quisque extulit,
nūdōs relinquunt. – Forte Clazomenae prope
antīqua fuit urbs, quam petiērunt naufragī.
Hīc litterārum quīdam studiō dēditus,
20 Simōnidis quī saepe versūs lēgerat
eratque absentis admīrātor māximus,
Simōnidem ipsum cognitum cupidissimē
ad sē recēpit: veste, nummīs, familiā
hominem exōrnāvit. Cēterī tabulam suam
25 portant rogantēs vīctum; quōs cāsū obviōs
Simōnidēs ut vīdit, "Dīxī" inquit "'mea
mēcum esse cūncta' – vōs quod rapuistis perīt!"

Simōnidēs -is *m* (*voc* -ē), poēta
  Graecus (saeculī v a.C.)
naufragus -ī *m* = quī nāve frāctā
  superest

melos : versūs, carmina
quō facilius = ut eō facilius
paupertās -ātis *f* < pauper
sustinēret : prohibēret
circum īre (circum-īre) urbēs
  = omnēs urbēs vīsere

quaestus -ūs *m* = pecūnia quae
  quaeritur, lucrum
locuplēs -ētis *adi* = dīves

Cīa/Cēa -ae *f* (*Gr* Cēos), īnsula
  maris Aegaeī
horridus -a -um (< horrēre)
  = terribilis
vetustās -ātis *f* < vetus; vetustās
  nāvis; in mediō marī
dis-solvere = frangere
zōna -ae *f* = cingulum, sacculus
subsidium -ī *n* = auxilium; s.
  vītae = quod vītam servat
cūriōsus -a -um = quaerēns,
  cupidus cognōscendī

ē-natāre = natandō sē servāre
onus -eris *n* = rēs quae portātur
dē-gravāre = graviter deorsum
  premere
ē nāve extulit

nūdōs relinquunt *naufragōs*
Clazomenae -ārum *f pl*, urbs
  Asiae
petiērunt = petīvērunt
dē-dere -didisse -ditum < dē- +
  dare; studiō dēditus = studiōsus

admīrātor -ōris *m* = quī ad-
  mīrātur

familiā : servīs
tabula : quā pauper pecūniam et
  cibum rogat
vīctus -ūs *m* (< vīvere) = cibus
cāsū = forte
quōs ut (= cum) S. obviōs vīdit
obvius -a -um = quī obviam it

id quod vōs rapuistis (*ē nāve*)
perīt = periit

39

parturīre = paritūrus esse (paritūrus -a -um *part fut* < parere);
imperf parturībat = parturi*ē*bat
gemitus -ūs *m* < gemere
immānis -e = ingēns
ciēre cīvisse citum = movēre,
excitāre, agere
exspectātiō -ōnis *f* < exspectāre

mūs
mūris *m*

extricāre = solvere, efficere

DE MONTE PARTVRIENTI
Phaedrus, IV.23

Mōns parturībat gemitūs immānēs ciēns,

eratque in terrīs māxima exspectātiō –

at ille mūrem peperit!

　　　　　　　　　　Hoc scrīptum est tibī

quī, magna cum mināris, extricās nihil.

Parturient montēs – nāscētur rīdiculus mūs!

[Horātius: *Dē arte poēticā*, 139]

macer -cra -crum = tenuis (ob
parum cibī)
per-pāscere -pāvisse -pāstum
= bene pāscere

prō-loquī
maciēs -ēī *f* < macer
cōn-ficere = cōnsūmere, fatīgā-
re; cōnfectus = dēbilis factus
dein = deinde
invicem *adv* = alter alterum; salūtātī i. = ut i. sē salūtāvērunt

unde = ex quā rē, quārē
nitēre = splendēre : sānus vidērī
tantum corporis : tam crassum
corpus

simplex -icis ↔ duplex; *adv*
-iciter : paucīs, breviter
pār officium : idem officium
(atque ego)
quod *officium?*

cūstōs -ōdis *m* = quī cūstōdit
līmen : ōstium, domus
et noctū domum tueāris ā fūribus

asper -era -erum = difficilis
vītam trahere/agere = vīvere
est : esset

DE LVPO MACRO ET CANE PERPASTO
Phaedrus, III.7

Quam dulcis sit lībertās, breviter prōloquar:

　　Canī perpāstō maciē cōnfectus lupus

forte occurrit. Dein salūtātī invicem,

ut restitērunt,

　　　　[*Lupus:*] "Unde sīc, quaesō, nitēs?

aut quō cibō fēcistī tantum corporis?　　　　　　5

Ego, quī sum longē fortior, pereō fame!"

Canis simpliciter: "Eadem est condiciō tibī,

praestāre dominō sī pār officium potes."

"Quod?" inquit ille.

　　　　[*Canis:*] "Cūstōs ut sīs līminis,

ā fūribus tueāris et noctū domum."　　　　　　10

[*Lupus:*]

"Ego vērō sum parātus. Nunc patior nivēs

imbrēsque in silvīs, asperam vītam trahēns.

Quantō est facilius mihi sub tēctō vīvere

40

et ōtiōsum largō satiārī cibō!"

[*Canis:*]

15 "Venī ergō mēcum!"

Dum prōcēdunt, aspicit
lupus ā catēnā collum dētrītum canī.

[*Lupus:*]

"Unde hoc, | amīce?"
collum
dētrītum

[*Canis:*] "Nīl est."

[*Lupus:*] "Dīc, sōdēs, tamen!"

[*Canis:*]

"Quia videor ācer, alligant mē interdiū,
lūce ut quiēscam, ut vigilem nox cum vēnerit:
20 crepusculō solūtus quā vīsum est vagor.
Affertur ultrō pānis. Dē mēnsā suā
dat ossa dominus; frusta iactat familia
et quod fastīdit quisque pulmentārium.
Sīc sine labōre venter implētur meus."

[*Lupus:*]

25 "Age, sī est abīre animus, tibi est licentia?"

"Nōn plānē est" inquit.

[*Lupus:*] "Fruere quae laudās, canis!
Rēgnāre nōlō, līber ut nōn sim mihī."

et *mē* ōtiōsum
largus -a -um = quī largē datur
satiāre (< satis) = satis dare;
  satiārī cibō = satis cibī habēre

(ā) catēnā
dē-terere -trīvisse -trītum =
  tenuem facere premendō/fri-
  candō

sōdēs (< sī audēs) = sī vīs,
  quaesō

ligāre = vincīre
al-ligāre (< ad-) = ligāre (ad
  rem)
lūce : dum lūcet, interdiū
crepusculum -ī *n* = prīmae tene-
  brae (inter diem et noctem)
quā *adv* = ubi; quā *mihi* vīsum
  est = ubi mihi libet
ultrō *adv* : mihi nōn rogantī
frustum -ī *n* = carō secta; frusta
  mihi iactat familia (: servī)
fastīdīre = ēsse nōlle

animus : voluntās: sī *tibi* est
  animus = sī vīs
licentia -ae *f* < licēre; tibi est
  licentia? = tibi licet?

ita ut nōn sim līber

41

Tacitus, nātus a. ±55 p.C. Opera:
Historiae et *Ab excessū Dīvī*
Augustī, dē rēbus gestīs Impe-
rātōrum Rōmānōrum
excessus -ūs *m* < *ex-cēdere* (ē
vītā) = obīre, morī
dīvus -ī *m* = deus; postquam ex-
cessit a. 14 p.C., Augustus in
deōrum numerō habēbātur

(stipendia) merēre = mīlitāre

Visurgis -is *m* (*acc* -im) = flūmen Germāniae
locāre (< locus) = pōnere
inter-fluere
Caesar: *Germānicus Iūlius*
Caesar, imperātor exercitūs
Rōmānī in Germāniā

stīpātor -ōris *m* = cūstōs armātus
ā-movēre -mōvisse -mōtum
sagittārius -ī *m* = mīles arcū et
sagittīs armātus
dī-gredī -gressum = discēdere

dēfōrmitās -ātis *f* < *dēfōrmis* -e
= foedus

Tiberius Caesar Augustus
Imperātor a. 14 –37 p.C.

dōna mīlitāria : praemia virtūtis
ir-rīdēre = dē-rīdēre
servitium -ī *n* = servitūs
pretium = praemium
opēs -um *f* = potestās
dēditiō -ōnis *f* < sē dē-dere =
hostī victōrī sē trādere; in dēditiōnem venīre = sē dēdere
clēmentia -ae *f* < clēmēns
hostīlis -e < hostis; hostīliter habērī : in hostium numerō habērī

COLLOQVIVM ARMINII CVM FLAVO FRATRE

Cornēlius Tacitus: AB EXCESSV DIVI AVGVSTI

[*Arminius, dux Germānōrum, etsī adulēscēns in exercitū*
Rōmānō mīlitāverat, annō IX p.C. trēs legiōnēs Rōmānās
cecīdit cum duce P. Quīntiliō Vārō. Annō XVI Arminius
cum Flāvō frātre, quī tunc in exercitū Rōmānō merēbat,
hoc colloquium habuisse dīcitur trāns Visurgim flūmen,
quod exercitūs in utrāque rīpā locātōs interfluēbat.
Arminius, ē rīpā ulteriōre: "Vēnitne Caesar?"
Stertinius (dux Rōmānōrum): "Adest."
Arminius: "Licetne mihi cum frātre colloquī?"
Stertinius, postquam imperātōrem rogāvit: "Licet."
Prōgressus est frāter Arminiī, cognōmine Flāvus.
Arminius: "Salvē, frāter!"
Flāvus: "Et tū, salvē!"
Arminius, suīs stīpātōribus āmōtīs: "Cūrāte ut abscēdant
  sagittāriī vestrī!"
Dīgressī sunt sagittāriī.
Arminius: "Unde, frāter, est ea dēfōrmitās ōris tuī?"
Flāvus: "Āmīsī per vulnus oculum paucīs ante annīs in
  proeliō duce Tiberiō."
Arminius: "Quodnam praemium ā Rōmānīs recēpistī?"
Flāvus: "Aucta stipendia, torquem et
  corōnam aliaque mīlitāria dōna."
Arminius, irrīdēns: "Vīlia servitiī pretia!" torquis -is *m*
Flāvus: "Ego magnitūdinem Rōmānam, opēs Caesaris
  dēfendō. Victīs gravēs poenae, in dēditiōnem venientī
  clēmentia parātur – neque coniūnx et fīlius tuus hostīli-
  ter habentur."

42

Arminius: "Equidem fās patriae, lībertātem avītam, deōs Penātēs Germāniae dēfendō. Māter nostra ūnā mēcum precātur 'nē ego propinquōs et affīnēs, dēnique gentem nostram dēserere et prōdere quam līberāre mālim!'"

Flāvus, īrātus: "Date arma et equum!" sed Stertinius ac-currēns eum attinuit.

Arminius minitābātur: "Proelium!" at flūmen interiectum eōs prohibēbat quōminus proelium cōnsererent.]

AB EXCESSV DIVI AVGVSTI, II. 9–11

9   Flūmen Visurgis Rōmānōs Cheruscōsque interfluēbat; eius in rīpā cum cēterīs prīmōribus Arminius adstitit, quaesītōque 'an Caesar vēnisset?' postquam 'adesse' respōnsum est, 'ut licēret cum frātre colloquī' ōrāvit.

    Erat is in exercitū, cognōmentō Flāvus, īnsignis fidē et āmissō per vulnus oculō paucīs ante annīs duce Tiberiō.

2   Tum permissū ⟨imperātōris frāter Arminiī addūcitur⟩, prōgressusque salūtātur ab Arminiō; quī, āmōtīs stīpātō-ribus, 'ut sagittāriī nostrā prō rīpā dispositī abscēderent!' postulat, et, postquam dīgressī, 'unde ea dēfōrmitās ōris?' interrogat frātrem.

3   Illō locum et proelium referente, 'quodnam praemium recēpisset?' exquīrit.

    Flāvus 'aucta stipendia, torquem et corōnam aliaque mīlitāria dōna' memorat, irrīdente Arminiō 'vīlia servitiī pretia!'

10   Exim dīversī ōrdiuntur:

    Hic 'magnitūdinem Rōmānam, opēs Caesaris, et victīs gravēs poenās, in dēditiōnem venientī parātam clēmen-tiam, neque coniugem et fīlium eius hostīliter habērī'.

---

fās *n indēcl* = iūs ā diīs datum
avītus -a -um (< avus) : antīquus
Penātēs -ium *m pl,* diī quī do-mum et patriam tuentur
propinquī = sanguine coniūnctī
affīnis -is *m/f* = coniugiō pro-pinquus factus; *coniugium -ī n* = coniugum societās
prō-dere = hostibus trādere
mālim *coni praes 1 sg* < mālle

at-tinēre = locō tenēre, retinēre
minitārī = minārī
inter-iectus = quī interest *(part* < *inter-icere* = inter-pōnere)
quō-minus +*coni* = (ut) nē
cōn-serere -uisse -rtum = con-iungere; proelium cōnserere = proelium incipere

Cheruscī -ōrum *m pl* = gēns Germāniae ad Visurgim
prīmōrēs -um *m pl* = prīncipēs

quaesītō : cum quaesīvisset
'*eum* adesse'
ut *sibi* licēret
cognōmentum -ī *n* = cognōmen
īnsignis -e (+*abl*) = prae aliīs nōtus, ēgregius (ob)
fidē = ob fidem (ergā Rōmānōs)
āmissō... oculō = quod oculum āmīserat (in proeliō)
permissū +*gen*: p. imperātōris = ut imperātor permittit
prō: prō rīpā = in rīpā ad flū-men versus
dis-pōnere = variīs locīs pōnere
postquam dīgressī *sunt*
unde *sit*

re-ferre = memorāre, nārrāre

ex-quīrere -sīvisse -sītum = quaerere; exquīrit *Arminius*

exim = deinde
dīversī : in utrāque parte
ōrdīrī ōrsum = loquī incipere
hic (Flāvus) *memorat...*

eius : Arminiī

43

ille (Arminius) *memorat*
penetrālēs diī = Penātēs
precum sociam: sēcum precibus
  coniūnctam, sēcum precantem
socius -ī *m*, socia -ae *f*
dēsertor, prōditor, līberātor -ōris
  m = quī dēserit, prōdit, līberat
paulātim *adv* ↔ subitō
prō-lābī -lāpsum
co-hibēre = prohibēre; co-hibē-
  bantur quō-minus (= nē) pugnam cōnsererent
nī = nisi
-que... et = et... et
minitābundus -a -um = minitāns

dē-nūntiāre = nūntiāre, minārī
plēraque *n pl* : plēraque verba
inter-iacere = inter-icere
ut quī meru*isset* = quia meruerat
ductor -ōris *m* = quī dūcit, dux
populārēs -ium *m pl* = cīvēs (suī)
trāns = ultrā
stāre stetisse

invīsus -a -um ↔ dīlēctus

Nerō -ōnis, Imperātor Rōmānus
  a. 54–68 p.C.
exitiābilis -e = quī multa perdit
incendium -ī *n* = ignis quō domus
  cōnsūmitur; < *in-cendere*
vulgus -ī *n* (*acc* -us) = populus
in-cendere = accendere
abolēre = tollere; abolendō rūmōrī = ut rūmōrem abolēret
sub-dere -didisse -ditum < -dare
reus -ī *m* = quī accūsātur; reum
  subdere = falsō accūsāre
quaesītus -a -um : novus et rārus;
  q.issimīs poenīs affēcit *eōs* quōs

imperitāre = imperātor esse
Pontius Pīlātus, prōcūrātor prō-
  vinciae Iūdaeae a. 26–36 p.C.
re-primere -pressisse -pressum
in praesēns *tempus*
superstitiō -ōnis *f* = sententia
  prāva (dē rērum nātūrā)
undique = ex omnibus partibus
atrōx -ōcis = crūdēlis, terribilis
pudenda (*n pl ger* < pudēre): ea
  quōrum pudendum est
cōn-fluere = in ūnum locum fl.
celebrāre = (locum) frequentēs
  petere, (rem) frequentēs agere
in-noxius -a -um = innocēns

Ille 'fās patriae, lībertātem avītam, penetrālēs Germāniae deōs, mātrem precum sociam 'nē propinquōrum et
affīnium, dēnique gentis suae dēsertor et prōditor quam
līberātor esse māllet!''

Paulātim inde ad iūrgia prōlāpsī, quōminus pugnam 2
cōnsererent nē flūmine quidem interiectō cohibēbantur
– nī Stertinius accurrēns plēnum īrae 'armaque et equum'
poscentem Flāvum attinuisset! Cernēbātur contrā minitā- 3
bundus Arminius 'proelium'que dēnūntiāns – nam plēraque Latīnō sermōne interiaciēbat, ut quī Rōmānīs in
castrīs ductor populārium meruisset.

Posterō diē Germānōrum aciēs trāns Visurgim stetit...   *11*

DE CHRISTIANIS INVISIS

Nerō

Tacitus: AB EXCESSV DIVI AVGVSTI, XV.44

[*Nerōne Imperātōre exitiābile incendium magnam Rōmae
partem cōnsūmpsit. Inter vulgus Rōmānum rūmor erat
'Nerōnem urbem incendī iussisse'.*]

Ergō abolendō rūmōrī Nerō subdidit reōs et quaesītis- 2
simīs poenīs affēcit quōs – per flāgitia invīsōs – vulgus
'Chrīstiānōs' appellābat.

Auctor nōminis eius, Chrīstus, Tiberiō imperitante per 2
prōcūrātōrem Pontium Pīlātum suppliciō affectus erat.
Repressaque in praesēns exitiābilis superstitiō rūrsus
ērumpēbat nōn modo per Iūdaeam, orīginem eius malī,
sed per Urbem etiam, quō cūncta undique atrōcia aut
pudenda cōnfluunt celebranturque.

[*Hīc Tacitus nārrat supplicia atrōcissima quibus Nerō 3
Chrīstiānōs innoxiōs pūnīvit.*]

DE CENA MAGNA

EVANGELIVM SECVNDVM LVCAM, ex cap. 14

16 Homō quīdam fēcit cēnam magnam et vocāvit multōs.

17 Et mīsit servum suum hōrā cēnae dīcere invītātīs 'ut
venīrent', "quia iam parāta sunt omnia."

18 Et coepērunt simul omnēs excūsāre:
Primus dīxit eī: "Vīllam ēmī, et necesse habeō exīre et
vidēre illam. Rogō tē: habē mē excūsātum!"

19 Et alter dīxit: "Iuga boum ēmī quīnque, et eō probāre
illa. Rogō tē: habē mē excūsātum!"

20 Et alius dīxit: "Uxōrem dūxī, et ideō nōn possum
venīre."

21 Et reversus servus nūntiāvit haec dominō suō.
Tunc īrātus pater familiās dīxit servō suō: "Exī citō in
plateās et vīcōs cīvitātis, et pauperēs ac dēbilēs et caecōs
et claudōs intrōdūc hūc!"

22 Et ait servus: "Domine, factum est ut imperāstī, et adhūc locus est."

23 Et ait dominus servō: "Exī in viās et saepēs, et com-
24 pelle intrāre, ut impleātur domus mea. Dīcō autem vōbīs:
quod nēmō virōrum illōrum quī vocātī sunt gustābit
cēnam meam!"

DE FILIO PERDITO

EVANGELIVM SECVNDVM LVCAM, ex cap. 15

12 Homō quīdam habuit duōs fīliōs.
Et dīxit adulēscentior ex illīs patrī: "Pater, dā mihi por-
tiōnem substantiae quae mē contingit!"
Et dīvīsit illīs substantiam.

45

Marginal glossary:

evangelium -ī n (εὐαγγέλιον) Gr
= 'bonus nūntius' (dē Chrīstō);
IV evangelia Graecē scrīpsērunt
Matthaeus, Mārcus, Lūcās (-ae
m), Iōannēs (-is m)
secundum prp +acc

mīsit servum dīcere = mīsit
servum ut dīceret

sē excūsāre

necesse habeō = necesse mihi
est

iugum -ī n = lignum quō bīna
iūmenta iūncta trahunt; bīnī
bovēs iugō iūnctī
bōs bovis m, pl gen boum,
dat/abl bōbus

iugum

platea -ae f = locus apertus inter
domōs oppidī
vīcus -ī m = via cum domibus
cīvitās -ātis f (< cīvis) = oppidum
intrō-dūcere ↔ ē-dūcere
-āstī = -āvistī

saepēs -is f = mūrus humilis
quō fīnītur ager vel hortus
compelle hominēs intrāre (ut
intrent)
quod nēmō... gustābit = nēminem gustātūrum esse

adulēscentior -ōris comp : minor
portiō -ōnis f = pars (dēbita)
substantia -ae f = māteria, omnia quae aliquis possidet
con-tingere -tigisse -tāctum =
tangere; mē contingit : mihi
dēbētur

con-gregāre = colligere; congregātīs omnibus *rēbus*
peregrē *adv* = in terram aliēnam

longinquus -a -um ↔ propinquus
dissipāre = spargere; largiendō
cōnsūmere/perdere

cōn-summāre = fīnīre
-āsset = -āvisset
egēre (+*abl*) = rē necessāriā
carēre
ad-haerēre -sisse -sum +*dat*
= sē adiungere (ad); ūnī *dat*
< ūnus -a -um (*gen* -īus, *dat* -ī)

(dē) siliquīs

in sē : ad sānam mentem
quantī -ae -a = quot
mercēnnārius -ī *m* (< mercēs)
= quī prō mercēde labōrat
ab-undāre (+*abl*) = plūs quam
satis habēre (reī)

peccāre = prāvē facere
cōram tē : ergā tē
dignus vocārī = dignus quī (/ut)
vocer

longē (= procul) abesset
ipsīus : eius
miseri-cordia -ae *f* = dolor ob alterīus malam fortūnam; misericordiā *permōtus est*

 tuba
-ae *f*

stola -ae *f*, vestīmentum longum
prīmam : optimam
induere aliqu*em* veste = i. alic*uī*
veste*m;* induite illum *stolā*
vitulus -ī *m* = pullus vaccae
sagīnāre = largē pāscere; sagīnātus = perpāstus
epulārī = cēnāre luxuriōsē
re-vīvēscere -vīxisse = iterum
vīvere

senior -ōris *comp* (< senex)
= māior ↔ adulēscentior
symphōnia -ae *f* = cantus fidium,
tībiārum, *tubārum,* cēt.
chorus -ī *m* = cantus vōcum

Et nōn post multōs diēs, congregātīs omnibus, adu- 13
lēscentior fīlius peregrē [profectus est] in regiōnem
longinquam, et ibi dissipāvit substantiam suam vīvendō
luxuriōsē.

Et postquam omnia cōnsummāsset, [facta est] famēs 14
valida in regiōne illā, et ipse coepit egēre. Et abiit, et 15
adhaesit ūnī cīvium regiōnis illīus. Et mīsit illum in
vīllam suam, ut pāsceret porcōs. Et cupiēbat implēre 16
ventrem suum dē siliquīs quās porcī mandūcābant, et
nēmō illī dabat.

[In sē autem reversus] dīxit: "Quantī mercēnnāriī in 17
domō patris meī abundant pānibus – ego autem hīc fame
pereō! Surgam et ībō ad patrem meum, et dīcam eī: 18
"Pater, peccāvī in caelum et cōram tē. Iam nōn sum 19
dignus vocārī fīlius tuus! Fac mē sīcut ūnum dē mercēn-
nāriīs tuīs!"

Et surgēns vēnit ad patrem suum. 20

Cum autem adhūc longē esset, vīdit illum pater ipsīus,
et misericordiā [mōtus est,] et accurrēns cecidit super
collum eius et ōsculātus est eum.

Dīxitque eī fīlius: "Pater, peccāvī in caelum et cōram 21
tē. Iam nōn sum dignus vocārī fīlius tuus!"

Dīxit autem pater ad servōs suōs: "Citō prōferte stolam 22
prīmam et induite illum, et date ānulum in manum eius et
calceāmenta in pedēs eius. Et addūcite vitulum 23
sagīnātum et occīdite, et mandūcēmus et epulēmur! Quia 24
hic fīlius meus mortuus erat, et revīxit, perierat, et
[inventus est."]

Et coepērunt epulārī.

Erat autem fīlius eius senior in agrō. Et cum venīret et 25
appropinquāret domuī, audīvit symphōniam et chorum.

46

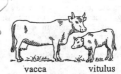

vacca   vitulus

26 Et vocāvit ūnum dē servīs, et interrogāvit 'quid haec essent?'

27 Isque dīxit illī: "Frāter tuus vēnit, et occīdit pater tuus vitulum sagīnātum, quia salvum illum recēpit."

28 Indignātus est autem, et nōlēbat introīre.
Pater ergō illīus ēgressus coepit rogāre illum.

29 At ille respondēns dīxit patrī suō: "Ecce tot annīs
25 serviō tibi, et numquam mandātum tuum praeteriī, et numquam dedistī mihi haedum, ut cum amīcīs meīs
30 epulārer. Sed postquam fīlius tuus hic, quī dēvorāvit substantiam suam cum meretrīcibus, vēnit, occīdistī illī vitulum sagīnātum!"

31 At ipse dīxit illī: "Fīlī! tū semper mēcum es, et omnia
32 mēa tua sunt. Epulārī autem et gaudēre oportēbat, quia frāter tuus hic mortuus erat, et revīxit, perierat, et inventus est."

indignārī = indignum cēnsēre, īrāscī

tot annīs = tot annōs

mandātum -ī n = imperium
praeter-īre -iisse -itum; mandātum p. = mandātō nōn pārēre
haedus -ī m = pullus caprae

meretrīx -īcis f = fēmina quae prō mercēde virōs amat

capra   haedus

DE DENARIO CAESARIS

EVANGELIVM SECVNDVM LVCAM, ex cap. 20

21 Et interrogāvērunt eum dīcentēs: "Magister, scīmus quia rēctē dīcis et docēs, et nōn accipis persōnam, sed viam
22 Deī in vēritāte docēs: licet nōbīs dare tribūtum Caesarī an nōn?"

23 Cōnsīderāns autem dolum illōrum dīxit ad eōs: "Quid
24 mē temptātis? Ostendite mihi dēnārium! – Cuius habet imāginem et īnscrīptiōnem?"

Respondentēs dīxērunt: "Caesaris."

25 Et ait illīs: "Reddite ergō quae Caesaris sunt Caesarī
– et quae Deī sunt Deō!"

TI CAESAR DIVI AVG F AVGVSTVS
TI = Tiberius, AVG F = Augustī fīlius (adoptātus)

eum : Chrīstum
scīmus quia rēctē dīcis et docēs = scīmus tē rēctē dīcere et docēre
nōn accipis persōnam : omnēs aequē dignōs exīstimās
tribūtum -ī n = pecūnia quae reī pūblicae tribuenda est
Caesarī : Tiberiō

cōnsīderāre = mente spectāre
dolus -ī = cōnsilium fallendī
temptāre = capere cōnārī

īnscrīptiō -ōnis f < īnscrībere

47

ostentātor -ōris *m* < *ostentāre* = glōriōsē ostendere; o. pecūniōsī = quī sē pecūniōsum ostentat
rhētoricus -a -um = *ōrātōrius;*
f ars rhētorica/ōrātōria
ōrātōrius -a -um < ōrātor

Cicerō -ōnis *m:* ōrātor nōbilissimus (vīxit a. 106–43 a.C.)
accūsātor -ōris *m* = quī accūsat

damnāre = poenam meruisse cōnstituere
dē-scrībere = verbīs ostendere

eius modī = eius generis, tālis
notāre (< nota) = vituperāre
vitium -ī *n* (↔ virtūs) = nātūrae mendum, ingenium prāvum
notātiō -ōnis *f* < notāre

tam-etsī = etsī
simulāre < similis; simulat sē esse dīvitem = facit ut dīves esse videātur
signum -ī *n* = id quō aliquid significātur/dēmōnstrātur
sīc-utī = sīc-ut
nota -ae *f* = signum (vitiī)
at-tribuere -uisse -ūtum (< ad-) + *dat* = tribuere, addere

iste : reus
inquiēs (*fut 2 sg: tū, accūsātor*)
prae-clārus -a -um = clārissimus
vidēte, *iūdicēs*, ...

quid-libet = quidquid (vōbīs) libet

mentum -ī *n* = īnfima faciēī pars (īnfrā ōs)
sub-levāre = sustinēre
aspectus -ūs *m* (< aspicere) : oculī

prae-stringere (oculōs) = facere nōn videntēs nimiō splendōre
puer = servus
re-spicere ↔ prōspicere
(vōs *eum* nōn *nōvisse* arbitror)
eho! = heus!
Sanniō -ōnis *m,* servī nōmen
istī *servī meī* barbarī
sē-ligere = ēligere

lect(ul)ī: in triclīniō

Aethiops -opis *m,* (servus) ex Aethiopiā (regiōne Āfricae)

OSTENTATOR PECVNIOSI

RHETORICA AD HERENNIVM, ex librō IV. 63–64

[*In librīs ad quendam C. Herennium scrīptīs dē arte ōrātōriā auctor ignōtus, quī Cicerōnis aetāte vīxit, multīs exemplīs dēmōnstrat quōmodo prūdēns accūsātor iūdicibus persuādēre possit ut reum damnent. Id fierī potest sī reus eiusque nātūra ita dēscrībitur ut omnibus reprehendendus et contemnendus videātur. Eius modī ōrātiō, quā notantur vitia hominis, appellātur 'notātiō'.*

In hōc exemplō dēscrībitur nātūra hominis glōriōsī quī, tametsī pauper est, tamen magnā dīligentiā simulat sē dīvitissimum esse atque fictās dīvitiās ostentat.]

Notātiō est cum alicuius nātūra certīs dēscrībitur signīs, 63 quae, sīcutī notae quaedam, nātūrae sunt attribūtae – ut sī velīs nōn dīvitem, sed ostentātōrem pecūniōsī dēscrībere:

– Iste, inquiēs, quī sē dīcī 'dīvitem' putat esse praeclārum, prīmum nunc vidēte, quō vultū nōs intueātur: nōnne vōbīs vidētur dīcere: "Darem vōbīs ⟨quidlibet⟩, sī mihi molestī nōn essētis!"? Cum vērō sinistrā manū mentum sublevat, exīstimat sē gemmae nitōre et aurī splendōre aspectūs omnium praestringere.

Cum puerum respicit hunc ūnum, quem ego nōvī (vōs nōn arbitror), aliō nōmine appellat, deinde aliō atque aliō:

"At eho tū" inquit "venī, Sanniō, nē quid istī barbarī turbent!" – ut ignōtī quī audient ūnum putent sēligī dē multīs. Eī dīcit in aurem aut 'ut domī lectulī sternantur', aut 'ab avunculō rogētur Aethiops, quī ad balneās

48

veniat', aut 'asturcōnī locus ante ōstium suum dētur', aut aliquod fragile falsae chorāgium glōriae comparētur!

Deinde exclāmat, ut omnēs audiant: "Vidēte ut dīligenter numerētur, sī potest, ante noctem!"

Puer, quī iam bene erī nātūram nōvit, "Tū illō plūrēs mittās oportet" inquit, "sī hodiē vīs trānsnumerārī."

"Age" inquit, "dūc tēcum Libanum et Sōsiam!"

"Sānē."

Deinde cāsū veniunt hospitēs hominī, quōs iste, dum splendidē peregrīnātur, invītārat.

Ex eā rē homō hercule sānē conturbātur, sed tamen ā vitiō nātūrae nōn recēdit:

"Bene" inquit "facitis cum venītis, sed rēctius fēcissētis, sī ad mē domum rēctā abiissētis."

"Id fēcissēmus" inquiunt illī, "sī domum nōvissēmus."

"At istud quidem facile fuit undelibet invenīre. Vērum īte mēcum!"

Sequuntur illī. Sermō intereā huius cōnsūmitur omnis in ostentātiōne: quaerit 'in agrīs frūmenta cuius modī sint?', negat 'sē, quia vīllae incēnsae sint, accēdere posse, nec aedificāre etiamnunc audēre', "tametsī in Tūsculānō quidem coepī īnsānīre et in iīsdem fundāmentīs aedificāre."

64   Dum haec loquitur, venit in aedēs quāsdam in quibus sodālicium erat eōdem diē futūrum; quō iste – prō nōtitiā dominī aedium – ingreditur cum hospitibus.

"Hīc" inquit "habitō."

Perspicit argentum quod erat expositum, vīsit triclīnium strātum, probat.

asturcō -ōnis *m,* equus pretiōsus (ex Asturiā, regiōne Hispāniae)
fragilis -e = quī facile frangitur
chorāgium -ī *n* = īnstrūmentum scaenicum, rēs mīrabilis
com-parāre = parāre (ūtendum)
vidēre ut... = cūrāre ut...
numerētur *pecūnia mea*
sī *fierī* potest
illō = illūc
tū mittās oportet = tē mittere o.
trāns-numerāre = fīnem facere numerandī
Libanus -ī, Sōsia -ae *m,* servōrum nōmina
sānē *ita faciam*

splendidus -a -um (< splendēre) = clārissimus, magnificus
peregrīnārī = peregrē iter facere
-ārat = -āverat
hercule! = hercle!
con-turbāre = perturbāre

rēctā *adv* = rēctā viā

unde-libet : ā quō-libet (ā quō-quō vōbīs libet : ab omnibus)
invenīre : cognōscere

ostentātiō -ōnis *f* < ostentāre
cuius modī = cuius generis, quōmodo, quālis
in-cendere -disse -cēnsum
novam vīllam aedificāre
tametsī : at tamen
in *praediō meō* Tūsculānō
fundāmentum -ī *n* = īnfima pars mūrī/aedificiī (sub terrā)

aedēs -ium *f pl* = domus
sodālicium -ī *n* = convīvium sodālium
nōtitia -ae *f* < nōtus; prō nōtitiā dominī : quia dominō nōtus erat

per-spicere -iō -exisse -ectum = dīligenter aspicere
vīsere = spectāre

49

servulus -ī *m* = servus, puer
ventūrum *esse*
"sī vīs, exī!"

ex *praediō* Falernō (: in agrō
 Falernō sitō)
pergere = continuō īre
decimā *hōrā*
raptim = celeriter
con-icere -iō -iēcisse -iectum;
 sē conicere = properāre

cuius -a -um *adi* = cuius *gen.:*
 domus *cuia* = domus *cuius*
dīversōrium -ī *n* = domus ubi
 cibus et lectus petitur pretiō
dē-rīdēre -sisse -sum
sē cōn-ferre = īre
ex-postulāre = īrātus querī

similitūdō -inis *f* < similis; s.e
 locī = quia similis est locus
angiportum -ī *n* = via angusta
-āsse = -*avī*sse
ad noctem multam : ad noctem
 sēram (: ad III/IV vigiliam)

vestīmenta = vestēs (ad lectōs)

in-urbānus : rūsticus, rudis
strēnuus -a -um = impiger
concinnus -a -um = urbānus et
 prūdēns
dē-dūcere
nuptiae -ārum *f pl* < nūbere
commodāre = ūtendum dare
 quod reddendum est
re-petere = petere ut reddātur
per-timēscere -timuisse = incipere timēre, timidus fierī

apage (tē)! = abī!
familiam : servōs meōs

licet ūtātur = licet eī ūtī (meō
 argentō)
dēlectābimur : contentī erimus
Samius -a -um < Samos; *n pl* =
 vāsa Samia (vīlia, nōn argentea)
falsā glōriā

annuus -a -um < annum manēns
ē-nārrāre = plānē nārrāre

Accēdit servulus; dīcit hominī clārē 'dominum iam ventūrum: sī velit exīre!'

"Itane?" inquit, "Eāmus, hospitēs! Frāter venit ex Falernō, ego illī obviam pergam. Vōs hūc decimā venītōte!"

Hospitēs discēdunt. Iste sē raptim domum suam conicit.

Illī decimā quō iusserat veniunt. Quaerunt hunc, reperiunt domus cuia sit. In dīversōrium dērīsī cōnferunt sēsē.

Vident hominem posterō diē: nārrant, expostulant, accūsant!

Ait iste 'eōs similitūdine locī dēceptōs angiportō tōtō deerrāsse; sē contrā valētūdinem suam ad noctem multam exspectāsse!"

Sanniōnī puerō negōtium dederat ut vāsa, vestīmenta, puerōs rogāret. Servulus nōn inurbānus satis strēnuē et concinnē comparārat.

Iste hospitēs domum dēdūcit; ait 'sē aedēs māximās cuidam amīcō ad nuptiās commodāsse!'

Nūntiat puer 'argentum repetī' – pertimuerat enim quī commodārat.

"Apage tē!" inquit, "Aedēs commodāvī, familiam dedī – argentum quoque vult?! Tametsī hospitēs habeō, tamen ūtātur licet – nōs Samiīs dēlectābimur."

Quid ego quae deinde efficiat nārrem? Eius modī est hominis nātūra ut quae singulīs diēbus efficiat glōriā atque ostentātiōne, ea vix annuō sermōne ēnārrāre possim!

VITA SVAVIS

Q. Hōrātius Flaccus: SERMONES, I.6.111–131

[*Q. Horātius Flaccus nātus est Venusiae, in oppidō*
Āpuliae, annō LXV a.C. Pater eius lībertīnus fīlium
parvum Rōmam dūxit, ut ab optimīs magistrīs docērētur.
Cum versūs scrībere coepisset, Horātius ā poētā Vergiliō
Maecēnātī, virō Rōmānō dīvitissimō, commendātus est.
Maecēnās Horātium aliōsque poētās pauperēs opibus
atque cōnsiliīs adiuvābat. In librīs duōbus, quibus
'Sermōnēs' titulus est, Horātius versibus hexametrīs dē
variīs rēbus scrīpsit, sīcut dē vītā suā et dē hominum
nātūrā et mōribus. Mortuus est annō VIII a.C.]

com-mendāre = adiuvandum et
tuendun trādere (fideī alicuius)

111   ... Quācumque libīdō est
incēdō sōlus; percontor 'quantī holus ac far?';
fallācem Circum vespertīnumque pererrō
saepe Forum; adsistō dīvīnīs.

quā-cumque = quōquō locō
libīdō -inis *f* < lībēre; libīdō est
  mihi = mihi libet
in-cēdere = prōcēdere
far farris *n*, frūmentī genus vīle
'fallāx' dīcitur circus quia ibi
  cīvēs falluntur ā tabernāriīs
vespertīnus -a -um < vesper
per-errāre Forum = errāre per F.
dīvīnus -a -um < dīvus; *m* = quī
  dīvīnē fātum praedīcit; dīvīnīs
  dat : ad dīvīnos

porrum
-ī *n*

cicer
-eris *m*

lapis -idis *m*

          Inde domum mē

sē re-ferre = redīre

115 ad porrī et ciceris referō laganīque catīnum.
Cēna ministrātur puerīs tribus, et lapis albus
pōcula cum cyathō duo sustinet; adstat echīnus
vīlis, cum paterā gūtus, Campāna supellex.

laganum -ī *n* = placenta lāta et
  tenuis
lapis albus: *marmor* -is *n*, mēnsa
  marmorea (ē marmore facta)
duo pōcula
Campānus -a -um, ex Campāniā
supellex -ectilis *f* = rēs quibus
  domus ōrnātur (ut lectī, sellae,
  mēnsae, vāsa, pōcula, cēt.)

echīnus

cyathus -ī *m*

echīnus -ī *m*

patera -ae *f*

gūtus -ī *m*

Deinde eo dormītum, nōn sollicitus mihi quod crās
120 surgendum sit māne...

sollicitus -a -um = cui animus
  turbātur
mihi surgendum est = surgere
  dēbeō

Ad quārtam iaceō. Post hanc vagor – aut ego, lēctō   122
aut scrīptō quod mē tacitum iuvet, ungor olīvō.

.....

Ast ubi mē fessum sōl ācrior īre lavātum   125
admonuit, fugiō Campum lūsumque trigōnem.
Prānsus nōn avidē (quantum interpellet inānī
ventre diem dūrāre), domesticus ōtior.

                                    Haec est

vīta solūtōrum miserā ambitiōne gravīque.
Hīs mē cōnsōlor victūrum suāvius ac sī   130
quaestor avus pater atque meus praetorque fuissent.

[*Dē magistrātibus Rōmānīs*]

[*Quotannīs ā populō Rōmānō creābantur magistrātūs,
quī varia negōtia pūblica administrārent, ut quaestōrēs,
quibus cūra aerāriī, quō continēbātur pecūnia pūblica,
crēdita erat, aedīlēs, quī viās et lūdōs et aedificia
pūblica cūrābant, praetōrēs, quī iūdiciīs praeerant,
atque bīnī cōnsulēs, quī summum imperium in rē pūblicā
tenēbant, ita tamen ut dē omnibus rēbus senātum
cōnsulerent.*

    *Lībertīnīs, ut patrī Horātiī, nōn licēbat dignitātem
senātōris vel magistrātūs tenēre.*]

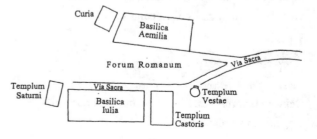

GARRVLVS MOLESTVS

Q. Hōrātius Flaccus: SERMONES, I . 9

Ībam forte viā Sacrā, sīcut meus est mōs
nescioquid meditāns nūgārum, tōtus in illīs.
Accurrit quīdam nōtus mihi nōmine tantum,
arreptāque manū: "Quid agis, dulcissime rērum?"
5 "Suāviter, ut nunc est" inquam, "et cupiō omnia quae
                             vīs."

Cum adsectārētur, "Num quid vīs?" occupō.
                                  At ille
"Nōris nōs" inquit, "doctī sumus."
                           Hīc ego "Plūris
hōc" inquam "mihi eris."
                     Miserē discēdere quaerēns
īre modo ōcius, interdum cōnsistere, in aurem
10 dīcere nescioquid puerō – cum sūdor ad īmōs
mānāret tālōs.
          "Ō tē, Bōlāne, cerebrī
fēlīcem!" āiēbam tacitus, cum quidlibet ille
garrīret, vīcōs, urbem laudāret.
                       Ut illī
nīl respondēbam, "Miserē cupis" inquit "abīre,
15 iam dūdum videō – sed nīl agis: ūsque tenēbō,
persequar! Hinc quō nunc iter est tibi?"
                      [*Ego:*] "Nīl opus est tē
circumagī: quendam volo vīsere nōn tibi nōtum;
trāns Tīberim longē cubat is, prope Caesaris hortōs."
[*Ille:*] "Nīl habeō quod agam et nōn sum piger: ūsque
                         sequar tē."

tālus

---

garrulus -a -um = quī garrit;
  garrīre = nūgās fābulārī

sacer -cra -crum: (locus) sacer =
  ubi diī adōrantur (ut templum);
  via Sacra per Forum dūcit ad
  templa deōrum; (vi|ā_ Sac|rā)
nescio-quid = aliquid
meditārī = cōgitāre

ar-ripere -iō -uisse -reptum = ad
  sē rapere, citō prehendere
  "quid agis" *inquit* "dulcissime
  rērum (: cārissime omnium)?"
cupiō *tibi* omnia quae vīs

ad-sectārī = sequī pergere
occupāre = prius dīcere

nōveris (*coni perf*) nōs (: mē) =
  putō tē nōvisse nōs (*mē* tibi
  nōtum esse); doc*tus sum*
plūris : plūris aestimandus; hōc
  plūris = tantō plūris

quaerere +*īnf* = cupere
ōcius *adv comp* = celerius
īre, cōnsistere, dīcere : ībam,
  cōnsistēbam, dīcēbam
puerō : servō meō
mānāre = fluere
tālus -ī *m* = īnfima crūris pars
Bōlānus -ī *m*, quīdam vir *īrā-*
cundus (= quī facile īrāscitur)
cerebrum : mēns īrācunda; tē
  cerebrī fēlīcem! = tū quam
  fēlīx es ob cerebrum!
  (ce|reb-rī)

ut +*imperf ind* = cum +*imperf*
  coni: ut illī nīl respondē*bam*
  = *cum* illī nīl respondē*rem*

ūsque (: sine morā) tenēbō *tē*

persequar *tē*

nīl/nihil *adv* = nūllō modō, nōn

circum-agere

cubat : lectō tenētur, aegrōtat
hortī Caesaris: quōs C. Iūlius
  Caesar populō Rōmānō
  dōnāvit

53

de-mittere ↔ tollere
auricula -ae *f* = auris
in-īquus -a -um (↔ aequus)
: prāvus (nōn oboediēns)

Viscus, Varius, poëtae nōbilēs
(magnī/plūris/plūrimī) facere
= aestimāre
mē (*abl*) plūrēs = plūrēs quam
ego
citius *adv comp* < citō
Hermogenēs -is *m*, poëta populō
grātus, quem Horātius dēspicit;
cantō quod et H. *mihi* invideat
locus +*gen* = tempus aptum (ad)
cognātī -ōrum *m pl* = propinquī
quīs = quibus (*dat pl*)
opus est + *abl* (: tē salvum esse)
haud mihi *est* quisquam
(mortuum) com-pōnere = *sepelīre*, in *sepulcrō* pōnere; sepulcrum -ī *n* = locus ubi mortuus
sepelītur (sub terrā pōnitur)
cōn-fice! : interfice *mē!*
īn-stāre +*dat* = impendēre
Sabellus -a -um: ē Samniō; quod
anus Sabella *mihi* puerō cecinit
(: versibus praedīxit); Samnium
-ī *n*, regiō in mediā Italiā
urna (dīvīna) movētur antequam
ēdūcitur *sors* (cum fātō scrīptō)

venēnum -ī *n* = pōtiō quae necat
hosticus -a -um = hostīlis
auferet (ad īnferōs) = necābit
latera : pectus et pulmōnēs
tussis -is *f* = morbus faucium
podagra -ae *f* = morbus pedum
quandō(-)cumque = aliquandō
loquāx -ācis (< loquī) = garrulus
adolēscere -ēvisse = adulēscēns
fierī
ventum erat : vēnerāmus
ad Vestae *templum*
IV parte diēī praeter-itā : hōrā III
vadārī = in iūs cōgere; respondēre vadātō : in iūs īre coāctus
līs lītis *f* = contrōversia, causa;
perdere lītem *dēbēbat*
hīc (: in iūre) *mihi* ades!
inter-īre = *dis-per-īre* = perīre
interEAM sī... : profectō nec valeō (: possum) stāre nec nōvī...
cīvīlis -e < cīvis; iūs cīvīle
: quod inter cīvēs dīcitur

quid faciam : *utrum* faciam

rem : causam

Dēmittō auriculās, ut inīquae mentis asellus 20
cum gravius dorsō subiīt onus.

asellus dorsō
onus subit

                  Incipit ille:

"Sī bene mē nōvī, nōn Viscum plūris amīcum,
nōn Varium faciēs: nam quis mē scrībere plūrēs
aut citius possit versūs? quis membra movēre
mollius? Invideat quod et Hermogenēs, ego cantō!" 25
Interpellandī locus hīc erat: "Est tibi māter,
cognātī, quīs tē salvō est opus?"

                  [*Ille:*] "Haud mihi quisquam:
omnēs composuī."

             [*Ego:*] "Fēlīcēs! Nunc ego restō.
Cōnfice! Namque īnstat fātum mihi trīste, Sabella
quod puerō cecinit dīvīnā mōtā anus urnā: 30

sors
sortis *f*   urna
         -ae *f*

Hunc neque dīra venēna nec hosticus auferet ēnsis,
nec laterum dolor, aut tussis, nec tarda podagra.
Garrulus hunc quandō cōnsūmet cumque. Loquācēs,
sī sapiat, vītet, simul atque adolēverit aetās!"

    Ventum erat ad Vestae, quārtā iam parte diēī 35
praeteritā, et cāsū tunc respondēre vadātō
dēbēbat – quod nī fēcisset, perdere lītem.
"Sī me | amās" inquit, "paulum hīc ades!"

                  [*Ego:*] "Interam, sī
aut valeō stāre aut nōvī cīvīlia iūra!
Et properō quō scīs." 40

             "Dubius sum quid faciam" inquit,
"tēne relinquam an rem?"

[*Ego:*] "Mē, sōdēs!"

"Nōn faciam" ille

— et praecēdere coepit.

Ego, ut contendere dūrum est

cum victōre, sequor.

"Maecēnās quōmodo tēcum?"

hinc repetit, "– paucōrum hominum et mentis bene sānae.

45 Nēmō dexterius fortūnā est ūsus! Habērēs

magnum adiūtōrem, posset quī ferre secundās,

hunc hominem vellēs sī trādere – dispeream, nī

submōssēs omnēs!"

[*Ego:*] "Nōn istō vīvimus illīc

quō tū rēre modō, domus hāc nec pūrior ūlla est

50 nec magis hīs aliēna malīs: nīl mī officit" inquam

"dītior hic | aut est quia doctior. Est locus ūnī

cuique suus."

[*Ille:*] "Magnum nārrās, vix crēdibile!"

[*Ego:*] "Atquī

sīc habet."

[*Ille:*] "Accendis, quārē cupiam magis illī

proximus esse."

[*Ego:*] "Velīs tantummodo: quae tua virtūs,

55 expugnābis. Et est quī vincī possit, eōque

difficilēs aditūs prīmōs habet."

[*Ille:*] "Haud mihi dēerō:

mūneribus servōs corrumpam. Nōn, hodiē sī

exclūsus fuerō, dēsistam. Tempora quaeram,

occurram in triviīs, dēdūcam. Nīl sine magnō

60 vīta labōre dedit mortālibus."

---

inquit ille

con-tendere = certāre

"M. quōmodo tēcum *agit?*"
re-petit *sermōnem* : pergit
: (vir) quī paucōs hominēs admit-
tit et mentem bene sānam habet
dexter, *adv* dexterē = aptē, prū-
denter; dexterius *quam tū*
ad-iūtor -ōris *m* = quī adiuvat
secundās *partēs* ferre *tibi* : tibi
(prīmās partēs agentī) adesse
sī vellēs hunc hominem (: mē)
illī trādere (commendāre)
sub-mōvēre = removēre; sub-
mōvissēs (*aliōs* omnēs *poētās*)
istō modō quō tū rēre (= rēris)
rērī = arbitrārī; *-re* = *-ris* (2 sg)
nec ūlla domus pūrior est hāc
aliēnus + *abl* = carēns
of-ficere + *dat* = nocēre
dīs dītis = dīves; quia hic (: aliquis) est dītior aut doctior
ūnus quisque = quisque

crēdibilis -e < crēdere; crēdibile
est quod crēdī potest
atquī = at (tamen)

sīc *sē* habet (rēs)

mē accendis (: cupidum facis)
illī : Maecēnātī

tantum-modo = tantum, modo
quae tua virtūs… : *ut* tua virtūs
est, expugnābis *illum*
: *tālis* est *ut* vincī possit, *ideōque*
aditus -ūs *m* < ad-īre; difficilēs
aditūs prīmōs habet : prīmō
difficilis est aditū
sibi deesse : sibi parcere
cor-rumpere (aliquem) = prāvum facere (pecūniā dandā)
ex-clūdere -sisse -sum ↔ ad-
mittere; exclūsus *erō*
occurram *illī,* dē-dūcam (: comi-
tābor) *illum* (domō in Forum)
trivium -ī *n* = locus (in urbe)
quō trēs viae conveniunt

55

Haec dum agit, ecce
Fuscus Aristius occurrit, mihi cārus et illum
quī pulchrē nōsset. Cōnsistimus.

[*Fuscus:*] "Unde venīs?" et
"Quō tendis?" rogat – et respondet.

Vellere coepī
et pressāre manū lentissima bracchia, nūtāns,
distorquēns oculōs, ut mē ēriperet.   65

Male salsus
rīdēns dissimulāre! Meum iecur ūrere bīlis!
[*Ego:*] "Certē 'nescioquid sēcrētō velle loquī tē'
āiēbās 'mēcum'."

[*Fuscus:*] "Meminī bene, sed meliōre
tempore dīcam. Hodiē trīcēsima sabbata: vīn' tū
curtīs Iūdaeīs oppēdere?"   70

"Nūlla mihi" inquam
"religiō est."

[*Fuscus:*] "At mī. Sum paulō īnfīrmior, ūnus
multōrum. Ignōscēs. Aliās loquar."

Huncine sōlem
tam nigrum surrēxe mihī! Fugit improbus, ac mē
sub cultrō linquit!

Cāsū venit obvius illī
adversārius, et "Quō tū, turpissime?" magnā   75
inclāmat vōce, et "Licet antestārī?"

Ego vērō
oppōnō auriculam. Rapit in iūs. Clāmor utrimque,
undique concursus!

Sīc mē servāvit Apollō.

DE MENDACIO PAPIRII PVERI

Aulus Gellius: NOCTES ATTICAE, I. 23

puer praetextātus

4 Mōs anteā senātōribus Rōmae fuit in Cūriam cum praetextātīs fīliīs introīre.

5 Tum, cum in senātū rēs māior quaepiam cōnsultāta eaque in diem posterum prōlāta est placuitque 'ut eam rem super quā tractāvissent nē quis ēnūntiāret priusquam dēcrēta esset', māter Papīriī puerī, quī cum parente suō in Cūriā fuerat, percontāta est fīlium 'quidnam in senātū patrēs ēgissent?'

6 Puer respondit 'tacendum esse, neque id dīcī licēre'.

7 Mulier fit audiendī cupidior: sēcrētum reī et silentium puerī animum eius ad inquīrendum ēverberat. Quaerit igitur compressius violentiusque.

8 Tum puer, mātre urgente, lepidī atque fēstīvī mendāciī cōnsilium capit: 'Āctum in senātū' dīxit, 'utrum vidērētur ūtilius exque rē pūblicā esse: ūnusne ut duās uxōrēs habēret an ut ūna apud duōs nupta esset?!'

9 Hoc illa ubi audīvit, animus compavēscit, domō trepidāns ēgreditur, ad cēterās mātrōnās pergit.

10 Vēnit ad senātum postrīdiē mātrum familiās caterva. Lacrimantēs atque obsecrantēs ōrant 'ūna potius ut duōbus nupta fieret quam ut ūnī duae!'

11 Senātōrēs ingredientēs in Cūriam, quae illa mulierum intemperiēs et quid sibi postulātiō istaec vellet, mīrābantur.

12 Puer Papīrius in medium Cūriae prōgressus, quid māter audīre īnstitisset, quid ipse mātrī dīxisset, rem sīcut fuerat dēnārrat.

mendācium -ī *n* < mendāx
Aulus Gellius vīxit saeculō II p.C.
Opus: *Noctēs Atticae*, librī XX, *noctū* in *Atticā* cōnscrīptī
Atticus -a -um < Attica -ae *f*, regiō Graeciae, caput: Athēnae
praetextātus -a -um <(toga)*praetexta:* toga *purpurā* (rubrō colōre) ōrnāta, quam gerunt puerī ūsque ad aetātis annum XVII
quis- quae- quod-piam = aliquī
cōnsultāre = cōnsulere (dē)
senātuī placet = senātus *dēcernit*
dē-cernere -crēvisse -crētum
= statuere (lēge)
nē quis (: quisquam) ē-nūntiāret
parēns -entis *m* = pater

patrēs -um *m pl* = senātōrēs

"tacendum est neque id dīcī licet"
sēcrētum -ī *n* = quod tacendum est (: dē quō tacendum est)
ē-verberāre = incitāre
com-pressē *adv* = ācriter
violentus -a -um = vī ūsus
urgēre = premere
lepidus -a -um = bellus
fēstīvus -a -um = salsus, iocōsus
āctum *esse*

ex rē pūblicā esse = reī pūblicae prōdesse
nupta -ae *f* (< nūbere) = uxor

ubi +*perf* = ubi prīmum, ut
com-pavēscere = pertimēscere
trepidāre = perterritus esse

caterva -ae *f* = turba, multitūdō hominum

in-temperiēs -ēī *f* = animus male temperātus, audācia
quid sibi vult? = quid significat?
postulātiō -ōnis *f* < postulāre
istic istaec istuc = iste ista istud

īn-sistere -stitisse (+*īnf*) = valdē temptāre
dē-nārrāre = plānē nārrāre

57

ex-ōsculārī = valdē dīligere
(senātūs) cōnsultum -ī *n* = quod
ā senātū dēcrētum est

praeter *aliōs* ille ūnus P. (cum
patre introeat)
inditum *est*
Praetextātus, cognōmen *gentis*
Papīriae: Papīrius Praetextātus
prūdentia -ae *f* < prūdēns
gēns (Iūlia, Papīria) = omnēs
quibus idem est nōmen (-ius/
-ia, ut Iūlius/-ia, Papīrius/-ia)

M.Terentius Varrō, vir doctissi-
mus, vīxit a.116–27 a.C., opera:
Satirae Menippēae et alia multa
Menippēus -a -um < Menippus,
poēta Graecus saeculī III a.C.
quī īnscrībitur = cui titulus est
dis-serere = sententiam dīcere
aptus -a -um = idōneus

habitus -ūs *m* = modus habendī
cultus -ūs *m* = modus exōrnandī

Grātiae -ārum *f pl,* trēs deae
quae Venerem comitantur
Mūsae -ārum *f pl,* novem deae
quae singulīs artibus praesunt

convenit = aptum est

omnibus numerīs : o. modīs
ab-solūtus -a -um = perfectus
homunculus -ī *m* = homō
collēctī sunt : convēnērunt
legere = ēligere; lēctus : aptus
apparātus -ūs *m* < *ap-parāre*
= parāre, exōrnāre
ēloquēns -entis = *ē-loquēns*
-entis = quī bene loquitur
subsellium -ī *n* = sella longa (ut
in iūdiciō); apud subsellia : in
iūdiciō
id temporis = eō tempore
anxius -a -um = perturbātus; rēs
anxia = quae animum perturbat
tortuōsus = difficilis intellēctū
invītābilis -e = grātus, placēns
illecebra -ae *f* = rēs grāta
voluptās -ātis *f* = rēs iūcunda,
gaudium (↔ dolor)

Senātus fidem atque ingenium puerī exōsculātur, cōn- 13
sultum facit 'utī posthāc puerī cum patribus in Cūriam nē
introeant – praeter ille ūnus Papīrius', atque puerō posteā
cognōmentum honōris grātiā inditum *Praetextātus* ob
tacendī loquendīque in aetāte praetextae prūdentiam.

DE CONVIVIO

Aulus Gellius: NOCTES ATTICAE, XIII. 11

Lepidissimus liber est M. Varrōnis ex *Satirīs Menippēīs* 1
quī īnscrībitur *Nescīs quid vesper sērus vehat,* in quō dis-
serit dē aptō convīvārum numerō dēque ipsīus convīviī
habitū cultūque.

Dīcit autem 'convīvārum numerum incipere oportēre ā 2
Grātiārum numerō et prōgredī ad Mūsārum', id est pro-
ficīscī ā tribus et cōnsistere in novem, ut, cum paucissimī
convīvae sunt, nōn pauciōrēs sint quam trēs, cum plūrimī,
nōn plūrēs quam novem. "Nam multōs" inquit "esse nōn 3
convenit, quod turba plērumque est turbulenta." ...

"Ipsum deinde convīvium cōnstat" inquit "ex rēbus
quattuor et tum dēnique omnibus suīs numerīs absolūtum
est: sī bellī homunculī collēctī sunt, sī ēlēctus locus, sī
tempus lēctum, sī apparātus nōn neglēctus."

"Nec loquācēs autem" inquit "convīvās nec mūtōs legere
oportet, quia ēloquentia in forō et apud subsellia, silentium
vērō nōn in convīviō, sed in cubiculō esse dēbet."

Sermōnēs igitur id temporis habendōs cēnset 'nōn 4
super rēbus anxiīs aut tortuōsīs, sed iūcundōs atque in-
vītābilēs et cum quādam illecebrā et voluptāte ūtilēs, ex
quibus ingenium nostrum venustius fīat et amoenius.' ...

58

DE CONTEMNENDA MORTE

M. Tullius Cicerō: TVSCVLANAE DISPVTATIONES, I

[*M. Tullius Cicerō, ōrātor disertissimus, vīxit annōs CVI–XLIII a.C. Ā rhētoribus et philosophīs optimīs ēducātus, multās causās ēgit. Cōnsul annō LXIII cōnsilia Catilīnae scelerāta dē caede cōnsulum et senātūs oppressit. Praeter ōrātiōnēs multās et epistulās ad familiārēs suōs ēdidit opera rhētorica, ut trēs librōs 'Dē ōrātōre', et philosophica, ut 'Tūsculānās disputātiōnēs', quae annō XLV a.C. cōnscrīptae sunt.*]

Cicerō

7 Nūper... in Tūsculānō, cum essent complūrēs mēcum familiārēs, temptāvī [*scholās Graecōrum mōre habēre...*]: pōnere iubēbam 'dē quō quis audīre vellet', ad id aut

8 sedēns aut ambulāns disputābam. Itaque diērum quīnque 'scholās' (ut Graecī appellant) in totidem librōs contulī. Fīēbat autem ita ut, cum is quī audīre vellet dīxisset quod sibi vidērētur, tum ego contrā dīcerem. Haec est enim, ut scīs, vetus et Sōcratica ratiō contrā alterīus opīniōnem disserendī; nam ita facillimē quid vērī simillimum esset invenīrī posse Sōcratēs arbitrābātur. Sed quō commodius disputātiōnēs nostrae explicentur, sīc eās expōnam quasi agātur rēs, nōn quasi nārrētur. Ergō ita nāscētur exōrdium:

9 *A. Malum* mihi vidētur esse mors.

M. Iīsne quī mortuī sunt an iīs quibus moriendum est?

A. Utrīsque.

M. Est *miserum* igitur, quoniam malum?

A. Certē.

---

disputātiō -ōnis *f* < *dis-putāre* = variās sententiās dīcere, disserere

disertus -a -um = ēloquēns

rhētor -oris *m* = magister artis ōrātōriae
philosophus -ī *m* = vir doctus quī rērum nātūrae et hominum mōribus studet

Catilīna -ae *m*
scelerātus -a -um < scelus

familiāris -is *m* = amīcus

philosophicus -a -um < philosophus

in *praediō* Tūsculānō

schola -ae *f* = ōrātiō magistrī /philosophī dē rē discendā
pōnere : prōpōnere

tot-idem : īdem numerus (: v)
cōn-ferre = colligere

Sōcratēs -is *m*, philosophus praeclārus, vīxit a. 469–399 a.C.; *adi* Sōcraticus -a -um
ratiō -ōnis *f* = cōnsilium, modus
opīniō -ōnis *f* < opīnārī
vērī simile = quod vērum esse vidētur, vix falsum
quō + *comp* + *coni* = ut...
commodus -a -um = facilis, aptus
ex-plicāre = explānāre, apertē expōnere (verbīs)
ex-ōrdium -ī *n* (< *ex-ōrdīrī*) = prīncipium sermōnis

A.: *audītor* -ōris *m* = quī audit, discipulus
M.: magister
quibus moriendum est = quī moritūrī sunt (*moritūrus* -a -um *part fut* < morī)

59

M. Ergō et iī quibus ēvēnit iam ut morerentur, et iī quibus
ēventūrum est, miserī?

A. Mihi ita vidētur.

M. Nēmō ergō nōn miser!

A. Prōrsus nēmō.

M. Et quidem, sī tibi cōnstāre vīs, omnēs quīcumque nātī
sunt eruntve nōn sōlum miserī, sed etiam semper
miserī! Nam sī sōlōs eōs dīcerēs 'miserōs' quibus moriendum esset, nēminem tū quidem eōrum quī vīverent
exciperēs – moriendum est enim omnibus –, esset
tamen miseriae fīnis in morte; quoniam autem etiam
mortuī miserī sunt, in miseriam nāscimur sempiternam!
Necesse est enim miserōs esse eōs quī centum mīlibus
annōrum ante occidērunt – vel potius omnēs quī-
cumque nātī sunt.

A. Ita prōrsus exīstimō.

M. Dīc, quaesō: num tē illa terrent: triceps
apud īnferōs Cerberus, Cocȳtī fremitus,
trāvectiō Acherontis,

10

Cerberus

mentō summam aquam attingēns ēnectus sitī
Tantalus, tum illud quod

Tantalus

Sīsyphus *versat*
saxum sūdāns nītendō neque prōficit hīlum,
fortasse etiam inexōrābilēs iūdicēs Mīnōs
et Rhadamanthus?... Haec fortasse metuis,
et idcircō mortem cēnsēs esse sempiternum
malum?

Sīsyphus

A. Adeōne mē dēlīrāre cēnsēs ut ista esse crēdam?

M. An tū haec nōn crēdis?

A. Minimē vērō!

M. Male hercule nārrās!

A. Cūr, quaesō?

M. Quia disertus esse possem, sī contrā ista dīcerem!

11 *A.* Quis enim nōn in eius modī causā? – aut quid negōtiī est haec poētārum et pictōrum portenta convincere?

M. Atquī plēnī librī sunt contrā ista ipsa disserentium philosophōrum.

A. Ineptē sānē. Quis enim est tam excors quem ista moveant?

M. Sī ergō apud īnferōs miserī nōn sunt, nē sunt quidem apud īnferōs ūllī.

A. Ita prōrsus exīstimō.

M. Ubi sunt ergō iī quōs 'miserōs' dīcis, aut quem locum incolunt? Sī enim sunt, nusquam esse nōn possunt.

A. Ego vērō nusquam esse illōs putō.

M. Igitur nē esse quidem?

A. Prōrsus istō modō, et tamen miserōs ob id ipsum quidem quia nūllī sint.

12 *M.* Iam māllem Cerberum metuerēs, quam ista tam incōnsīderātē dīcerēs!

A. Quid tandem?

M. Quem *esse* negās, eundem *esse* dīcis! Ubi est acūmen tuum? Cum enim 'miserōs *esse*' dīcis, tum 'eum quī *nōn sit*' dīcis '*esse*'!

A. Nōn sum ita hebes ut istud dīcam.

M. Quid dīcis igitur?

A. 'Miserum esse (verbī causā) M. Crassum, quī illās fortūnās morte dīmīserit, miserum Cn. Pompēium, quī

quis nōn *disertus esse posset...?*
negōtium = rēs (difficilis)
pictor -ōris *m* = quī pingit
portentum -ī *n* = rēs mīrābilis contrā nātūram facta
con-vincere = falsum esse dēmōnstrāre

in-eptus -a -um (< in- + aptus) = stultus
ex-cors -cordis *adi* ↔ sapiēns;
tam excors quem ista move*ant* = tam e. *ut eum* ista move*ant*
nē sunt quidem ūllī = certē nūllī sunt

nusquam = nūllō locō

putās-ne igitur *eōs* nē esse quidem? (: nūllōs esse)
et tamen *eōs* miserōs *esse putō*

māllem *coni imperf 1 sg* < mālle
māllem (ut) Cerberum metuerēs = māllem tē C. metuere
in-cōnsīderātus -a -um = temerārius, sine ratiōne
quid (: cūr) tandem? = quidnam? dīc mihi!
acūmen -inis *n* (< acuere) = mēns ācūta

hebes -etis *adi* (↔ acūtus) = mente tardus, stupidus
M. Crassus Dīves, cōnsul a. 70, dux in bellō occidit a. 53 a.C.
verbī causā : exemplī causā
fortūnae *f pl* = dīvitiae, opēs
Cn. Pompēius ā C. Iūliō Caesare victus occīsus est a. 48 a.C.

61

tantā dignitāte, tantā glōriā sit orbātus, omnēs dēnique
miserōs quī hāc lūce careant' ......

M. 'Esse' ergō 'eōs' dīcis.   13

A. Immō, 'quia nōn sint cum fuerint, eō miserōs esse'.

M. Pugnantia tē loquī nōn vidēs? Quid enim tam pugnat
quam... 'miserum... *esse* quī *nōn sit*'? An tū ēgressus
portā Capēnā, cum... Scīpiōnum, Servīliōrum, Metellō-
rum sepulcra vidēs, miserōs putās illōs?

A. Quoniam mē verbō premis, posthāc nōn ita dīcam:
'miserōs *esse*', sed tantum: 'miserōs, ob id ipsum quia
nōn sint'.

M. Nōn dīcis igitur: "miser *est* M. Crassus", sed tantum:
"miser M. Crassus"?

A. Ita plānē.

M. Quasi nōn necesse sit, quidquid istō modō prōnūntiēs,   14
id aut esse aut nōn esse! An tū dialecticīs nōn imbūtus
quidem es? In prīmīs enim hoc trāditur: omne *prō-*
nūntiātum... est vērum aut falsum. Cum igitur dīcis:
"miser M. Crassus", aut hoc dīcis: "miser *est* M.
Crassus", ut possit iūdicārī vērum id falsumne sit
– aut nihil dīcis omnīnō!

A. Age, iam concēdō 'nōn esse miserōs quī mortuī sint...'
Quid? quī vīvimus, cum moriendum sit, nōnne miserī
sumus? Quae enim potest in vītā esse iūcunditās, cum
diēs et noctēs cōgitandum sit iam iamque esse
moriendum? .... Sed quoniam coēgistī ut concēde-   15
rem 'quī mortuī essent eōs miserōs nōn esse', perfice,
sī potes, ut nē moriendum quidem esse miserum
putem!

M. Iam istuc quidem nihil negōtiī est – māiōra mōlior!   16

62

A. Quōmodo hoc 'nihil negōtiī' est? aut quae sunt tandem ista 'māiōra'? ...

quae tandem? = quae-nam?

M. Ut doceam, sī possim, nōn modo malum nōn esse, sed *bonum* etiam esse mortem!

A. Nōn postulō id quidem, aveō tamen audīre. Ut enim nōn efficiās quod vīs, tamen mors ut malum nōn sit efficiēs. Sed nihil tē interpellābō: continentem ōrātiōnem audīre mālō.

avēre = avidē cupere
ut nōn efficiās : etiam sī nōn ef-fēceris

continēns -entis *adi* = quī nōn interpellātur

17 *M.* Quid? sī tē rogāverō aliquid, nōn respondēbis?

rogāre = interrogāre

A. Superbum id quidem est; sed, nisi quid necesse erit, mālō nōn rogēs.

M. Geram tibi mōrem et ea quae vīs, ut poterō, explicābō. ...

mālō (ut) nōn rogēs = mālō tē nōn rogāre
mōrem gerere + *dat:* mōrem tibi gerere = agere ex tuā voluntāte, facere ut vīs

A. Nōs ad audiendum parātī sumus.

18 *M.* M o r s igitur ipsa, quae vidētur nōtissima rēs esse, *quid sit* prīmum est videndum. Sunt enim quī *discessum animī ā corpore* putent esse mortem. Sunt quī nūllum cēnseant fierī discessum, sed ūnā animum et corpus occidere animumque in corpore exstinguī. Quī discēdere animum cēnsent, aliī statim dissipārī, aliī diū permanēre, aliī semper.

Quid sit porrō ipse a n i m u s, aut ubi, aut unde, magna dissēnsiō est. Aliīs *cor* ipsum animus vidētur.

discessus -ūs *m* < discēdere
sunt quī put*ent*/cēnse*ant* = nōn-nūllī/aliquī put*ant*/cēnsent
ūnā *adv;* ūnā animum et corpus = animum ūnā cum corpore
ex-stinguere ↔ accendere; *pass* perīre, morī
ex iīs quī discēdere animum cēnsent, aliī *cēnsent eum...*
dissipāre = spargere
per-manēre
porrō = deinde, praetereā
dis-sēnsiō -ōnis *f* < *dis-sentīre*
↔ *cōn-sentīre* = idem sentīre
aliīs cor animus *esse* vidētur = aliī cor animum esse cēnsent

19 ... *Empedoclēs* animum esse cēnset cordī suffūsum *sanguinem.* Aliīs pars quaedam *cerebrī* visa est animī prīncipātum tenēre. Aliīs nec cor ipsum placet nec cerebrī quandam partem esse animum, sed aliī 'in corde', aliī 'in cerebrō' dīxērunt 'animī esse sēdem et locum'. 'Animum' autem aliī *'animam'*, ut ferē nostrī:

Empedoclēs -is *m,* philosophus, in Siciliā docuit saeculō V a.C.
suf-fundere -fūdisse -fūsum + *dat* < sub + fundere
prīncipātus -ūs *m* < prīnceps
alicui placet + *acc* + *īnf* = aliquis cēnset
sēdēs -is *f* = locus quō aliquis sedet/incolit
'animam *esse'* dīcunt
ferē = plērumque
nostrī (cīvēs) : Rōmānī

63

dē-clārāre = clārē ostendere
Zēnō -ōnis *m*, vīxit a. ±334–262
a.C. *Stōicus* dīcitur quod Athē-
nīs in *Stōā* (: porticū) docuit
Platō -ōnis *m*, philosophus ēgregius, vīxit a. 427–348 a.C.
triplex -icis = ex tribus cōnstāns
ratiō = mēns cōgitāns, prūdentia
arx arcis *f* = summus mōns mū-
nītus ex quō urbs dēfenditur
subter *prp* +*acc* = īnfrā
praecordia -ōrum *n pl* = pars corporis īnfrā cor et pectus, venter
vīderit : videat, reperiat

quaestiō -ōnis *f* < quaerere;
magna q. est : multī quaerunt
dī-iūdicāre = iūdicāre (inter sententiās, quae vēra sit)

sī *fierī* posset

cōn-fundere = miscēre, turbāre
ita ut ista nōn disserantur : etiam
sī ista nōn disseruntur

quī-cumque *m* (= quisquis)
quae-cumque *f*
quid-cumque *n* (= quidquid)

sēnsus -ūs *m* < sentīre sēnsisse
sēnsum

domicilium -ī *n* = domus

velim mihi persuādērī (= ut mihi
persuādeātur) *ut ita sit*

superāre = vincere, melior esse
quam
amplius = plūs
Platōnis librō *dē animō* titulus
est *Phaedōn* (Φαίδων)

dēclārat nōmen, nam... 'animus' ab 'animā' dictus est.
Zēnōnī Stōicō animus *ignis* vidētur. ...

Platō triplicem fīnxit animum, cuius prīncipātum, id 20
est *ratiōnem,* in capite sīcut in arce posuit, et duās partēs
eī pārēre voluit, *īram* et *cupiditātem,* quās suīs locīs,
īram in pectore, cupiditātem subter praecordia locāvit. ...

Hārum sententiārum quae vēra sit deus aliquī vīderit 23
– quae vērī simillima, magna quaestiō est. Utrum igitur
inter hās sententiās dīiūdicāre mālumus an ad prōpositum redīre?

A. Cuperem equidem utrumque, sī posset, sed est dif-
ficile cōnfundere. Quārē sī, ut ista nōn disserantur,
līberārī mortis metū possumus, id agāmus. ...

M. Quod mālle tē intellegō, id putō esse commodius.
Efficiet enim ratiō ut, quaecumque vēra sit eārum sententiārum quās exposuī, mors aut malum nōn sit aut sit
bonum potius. Nam sī cor aut sanguis aut cerebrum est 24
animus, certē, quoniam est corpus, interībit cum reliquō
corpore; sī anima est, fortasse dissipābitur; sī ignis, ex-
stinguētur. Hīs sententiīs omnibus nihil post mortem per-
tinēre ad quemquam potest, pariter enim cum vītā sēnsus
āmittitur... Reliquōrum sententiae spem afferunt, sī tē
hoc forte dēlectat, posse animōs, cum ē corporibus ex-
cesserint, in caelum quasi in domicilium suum pervenīre.

A. Mē vērō dēlectat, idque prīmum ita esse velim; deinde,
etiam sī nōn sit, mihi persuādērī tamen velim.

M. Quid tibi ergō operā nostrā opus est? Num ēloquentiā
Platōnem superāre possumus? Ēvolve dīligenter eius
eum librum quī est *dē animō* – amplius quod dēsīderēs
nihil erit.

A. Fēcī mehercule, et quidem saepius. Sed, nesciō quōmodo, dum legō, assentior – cum posuī librum et mēcum ipse dē immortālitāte animōrum coepī cōgitāre,
assēnsiō illa omnis ēlābitur.

25 *M.* Quid hoc? Dāsne 'aut manēre animōs post mortem aut
morte ipsā interīre?'

A. Dō vērō.

M. Quid, sī maneant?

A. 'Beātōs esse' concēdō.

M. Sīn intereant?

A. 'Nōn esse miserōs, quoniam nē sint quidem.' Nam
istuc, coāctī ā tē, paulō ante concessimus.

M. Quōmodo igitur aut cūr 'mortem malum tibi vidērī'
dīcis? quae aut beātōs nōs efficiet animīs manentibus,
aut nōn miserōs sēnsū carentēs.

me-hercule = hercule
saepe, *comp* saepius
as-sentīrī -sēnsum (+*dat*) = idem
   sentīre (atque), cōnsentīre
immortālitās -ātis *f* < immortālis

as-sēnsiō -ōnis *f* < assentīrī
ē-lābī

dare + *acc* + *īnf* = concēdere

'*eōs* beātōs esse' concēdō

concēdō '*eōs* nōn esse miserōs...'

coāctī... concessimus : coāct*us*...
   concess*ī*

"DOMI NON SVM"

M. Tullius Cicerō: DE ORATORE, II.276

[Nāsīca] cum ad poētam Ennium vēnisset eīque ab ōstiō
quaerentī Ennium ancilla dīxisset 'domī nōn esse', Nāsīca sēnsit illam dominī iussū dīxisse et illum intus esse!

Paucīs post diēbus, cum ad Nāsīcam vēnisset Ennius et
eum ad iānuam quaereret, exclāmat Nāsīca 'sē domī nōn
esse!'

Tum Ennius "Quid? ego nōn cognōscō vōcem" inquit
"tuam?"

Hīc Nāsīca: "Homō es impudēns: ego cum tē quaere-
rem, ancillae tuae crēdidī 'tē domī nōn esse' – tū mihi
nōn crēdis ipsī?"

Cicerō a. 55 a.C. III librōs
   scrīpsit *Dē ōrātōre*
P. Cornēlius Scīpiō Nāsīca -ae
   m, cōnsul a. 191 a.C.
'domī nōn esse *dominum suum*'

sentīre sēnsisse sēnsum

: nōn*ne* ego cognōscō...?

im-pudēns -entis *adi* = sine
   pudōre, audāx
ancillae tuae crēdidī *dīcentī* '...'

65

Ligurīnus, poētae nōmen fictum
M.Valerius Mārtiālis, poēta Rō-
mānus, vīxit a. ±40–±104 p.C.
Opus: *Epigrammata I–XII*

[1] *hendecasyllabī*
scīre cupis quid *causae* sit quod
nēmō tibi libenter occurrit...?
(: cūr nēmō tibi l. occurrat...?)
sōlitūdō -inis *f* < sōlus

tigris
-is *f*

catulus -ī *m* = pullus ferae/canis
citāre = incitāre

fer*at* : ferre potest
labōrēs : rēs molestās
mihi stantī/sedentī...

cacāre = ventrem exonerāre

sonāre = sonum facere; sonās :
  recitās

mē euntem/edentem/iacentem

fugāre = fugientem facere
ēsse, *part praes* edēns -entis

vidēre : intellegere

: *etsī* vir *es* iūstus...

[2] *hexametrī* + *pentametrī*

versiculus -ī *m* = versus
ut versiculōs tuōs recitēs
solea -ae *f* = calceus levis (ante
  cēnam dēpōnuntur soleae)

dum fercul*um* prīm*um* morā*tur*

scomber
-brī *m*

pūtidus -a -um = ob vetustātem
  prāvus (ad gustandum)
mihi pōnis : mihi appōnis
poēma -atis *n* = opus poēticum;
  poēmata scombrīs dōnāre : p.
  circum scombrōs implicāre

NIMIS POETA ES, LIGVRINE!

M. Valerius Mārtiālis: Epigrammata, III.44 et 50

[1] Occurrit tibi nēmo quod libenter,

quod quācumque venīs fuga est et ingēns

circā tē, Ligurīne, sōlitūdō,

quid sit, scīre cupis? Nimis poēta es!

Hoc valdē vitium perīculōsum est.   5

Nōn tigris catulīs citāta raptīs,

nec sīc scorpios improbus timētur!   8

Nam tantōs, rogo, quis ferat labōrēs?   scorpios -ī *m*

Et stantī legis, et legis sedentī,   10

currentī legis, et legis cacantī!

In thermās fugiō – sonās ad aurem!

Piscīnam peto – nōn licet natāre!

Ad cēnam properō – tenēs euntem!

Ad cēnam veniō – fugās edentem!   15

Lassus dormio – suscitās iacentem!

Vīs quantum faciās malī vidēre?

Vir iūstus, probus, innocēns – timēris!

[2] Haec tibi, nōn alia est ad cēnam causa vocandī:

versiculōs recitēs ut, Ligurīne, tuōs!

Dēposuī soleās, affertur prōtinus ingēns

inter lactūcās oxygarumque liber.

Alter perlegitur dum fercula prīma morantur.   5

Tertius est – nec adhūc mēnsa secunda venit.

Et quārtum recitās, et quīntum dēnique librum.

Pūtidus est, totiēs sī mihi pōnis aprum!

Quod sī nōn scombrīs scelerāta poēmata dōnās,

cēnābis sōlus iam, Ligurīne, domī!   10

66

DE QVAESTIONE CHRISTIANORVM

C. Plīnius Secundus: EPISTVLAE

Liber X, Epistula XCVI

C. Plīnius Trāiānō Imperātōrī.

1 Sollemne est mihi, domine, omnia dē quibus dubitō ad tē referre. Quis enim potest melius vel cūnctātiōnem meam regere vel ignōrantiam īnstruere?

Cognitiōnibus dē Chrīstiānīs interfuī numquam. Ideō nesciō quid et quātenus aut pūnīrī soleat aut quaerī.

2 Nec mediocriter haesitāvī,

– sitne aliquod discrīmen aetātum, an quamlibet tenerī nihil ā rōbustiōribus differant?

– dētur paenitentiae venia, an eī quī omnīnō Chrīstiānus fuit dēsiisse nōn prōsit?

– nōmen ipsum, sī flāgitiīs careat, an flāgitia cohaerentia nōminī pūniantur?

Interim, in iīs quī ad mē tamquam Chrīstiānī dēferēbantur hunc sum secūtus modum:

3 Interrogāvī ipsōs 'an essent Chrīstiānī?' Cōnfitentēs iterum ac tertiō interrogāvī supplicium minātus. Persevērantēs dūcī iussī. Neque enim dubitābam, quālecumque esset quod faterentur, pertināciam certē et īnflexibilem obstinātiōnem dēbēre pūnīrī.

4 Fuērunt aliī similis āmentiae, quōs, quia cīvēs Rōmānī erant, adnotāvī in Urbem remittendōs.

Mox – ipsō tractātū, ut fierī solet, diffundente sē crimine – plūrēs speciēs incidērunt.

5 Prōpositus est libellus sine auctōre multōrum nōmina continēns.

quaestiō -ōnis *f* : in iūdiciō
C. Plīnius Secundus vīxit a. 61/62–±113 p.C. *Epistulās* ēdidit; a.110–112 in Asiā Bīthȳniam prōvinciam administrāvit unde epistulās mīsit ad Trāiānum
M. Ulpius Trāiānus, Imperātor Rōmānus a. 98–117

sollemnis -e = quod certīs temporibus solet fierī; *n* mōs
cūnctātiō -ōnis *f* < *cūnctārī* = incertus morārī
ignōrāre *f* < *ignōrāre*
: mē cūnctantem regere vel ignōrantem īnstruere (= docēre)
cognitiō (< *cognōscere*)=quaestiō
inter-esse + *dat* = adesse in
quā-tenus *adv* = quem ad fīnem
mediocris -e = modicus, *adv* -iter
haesitāre = cūnctārī, dubitāre
discrīmen -inis *n* < dis-cernere
tener -a -um = parvus et dēbilis
quam-libet tenerī: etiam tenerrimī
rōbustus -a -um = validus
dif-ferre = discernī, aliter tractārī
paenitentia -ae *f* = dolor eius quī sē peccāvisse fatētur; p.ae veniam dare = ignōscere ob p.am
venia -ae *f* = ignōscendī grātia
nōmen '*Chrīstiānus*'
co-haerēre -sisse + *dat* = coniungī cum

dē-ferre (reum) = dēnūntiāre, reum facere, accūsāre

cōnfitentēs = eōs quī cōnfitentur
tertiō/tertium *adv*
per-sevērāre = cōnstanter permanēre
dūcī *ad supplicium*
-cumque: quālis- quāle-cumque
pertinācia -ae *f* < *pertināx* -ācis
adi = persevērāns
īn-flexibilis -e = quī nōn flectitur
obstinātiō -ōnis *f* = pertinācia
ā-mentia -ae *f* < *ā-mēns* -entis
adi = īnsānus (mente)
ad-notāre = statuere (notā)
remittendōs *esse*
tractātus -ūs *m* = modus tractandī
dif-fundere = spargere
speciēs -ēī *f* = fōrma, genus
in-cidere = ēvenīre, fierī

Quī negābant 'sē esse Chrīstiānōs' aut 'fuisse', cum praeeunte mē deōs appellārent et imāginī tuae (quam propter hoc iusseram cum simulācrīs nūminum afferrī) tūre ac vīnō supplicārent, praetereā maledīcerent Chrīstō – quōrum nihil cōgī posse dīcuntur quī sunt rē vērā Chrīstiānī –, dīmittendōs putāvī.

Aliī ab indice nōminātī 'esse sē Chrīstiānōs' dīxērunt 6 – et mox negāvērunt: 'fuisse quidem, sed dēsiisse', quīdam 'ante triennium', quīdam 'ante plūrēs annōs', nōnnēmō etiam 'ante vīgintī'. Hī quoque omnēs et imāginem tuam deōrumque simulācra venerātī sunt et Chrīstō maledīxērunt.

Affirmābant autem 'hanc fuisse summam vel culpae 7 suae vel errōris, quod essent solitī statō diē ante lūcem convenīre, carmenque Chrīstō quasi deō dīcere sēcum invicem sēque sacrāmentō nōn in scelus aliquod obstringere, sed 'nē fūrta, nē latrōcinia, nē adulteria committerent, nē fidem fallerent, nē dēpositum appellātī abnegārent'. Quibus perāctīs, mōrem sibi discēdendī fuisse rūrsusque coeundī ad capiendum cibum, prōmiscuum tamen et innoxium – quod ipsum facere dēsiisse post ēdictum meum', quō secundum mandāta tua hetaeriās esse vetueram.

Quō magis necessārium crēdidī ex duābus ancillīs, quae 8 *ministrae* dīcēbantur, 'quid esset vērī?' – et per tormenta – quaerere. Sed nihil aliud invēnī quam superstitiōnem prāvam et immodicam!

Ideō, dīlātā cognitiōne, ad cōnsulendum tē dēcurrī. Vīsa 9 est enim mihi rēs digna cōnsultātiōne, maximē propter perīclitantium numerum. Multī enim omnis aetātis, omnis

prae-īre; prae-eunte mē = dum ego prae-eō (exemplum)
nūmen -inis *n* = deī voluntās, deus

quī diīs supplicant tūs incendere ac vīnum effundere solent
iī quī sunt

(*eōs*) dīmittendōs (: sine poenā)
esse putāvī
index -icis *m* = nūntius maleficiī, quī reōs dēfert
'*sē* fuisse...'

triennium -ī *n* = trēs annī

nōn-nēmō = nōnnūllī, aliquī
ante vīgintī annōs
venerārī = adōrāre

summa -ae *f* ↔ pars; summa culpae = tōta culpa
error -ōris *m* < errāre
status -a -um = statūtus, certus
sacrāmentum -ī *n* = prōmissum sacrum (quod iūrātur)
ob-stringere = officiō alligāre; sē o. = officium sibi facere
latrōcinium -ī *n* = scelus latrōnis
adulterium -ī *n*; a. com-mittere (= facere) = coniugem fallere
dēpositum -ī *n* = quod alicui servandum crēditum est
ab-negāre = negāre sē accēpisse
mihi mōs est + *ger* = soleō + *īnf*
co-īre = convenīre; co-eundī *ger*
prōmiscuus -a -um = mixtus
sē dēsiisse
ēdictum -ī *n* < *ē-dīcere* = pūblicē imperāre
hetaeria -ae *f* = sodālicium
vetāre -uisse -itum
quō magis : eō (tantō) m.
necessārius, *comp* magis n.
minister -trī *m*, ministra -ae *f*
tormentum -ī *n* < *torquēre* -sisse -tum = cruciāre

im-modicus -a -um ↔ modicus
dif-ferre dis-tulisse dī-lātum = prō-ferre in tempus posterum
dē-currere (: auxilium petītum)
cōnsultātiō -ōnis *f* < cōnsultāre

perīclitārī = in perīculō esse, in perīculum vocārī (: accūsārī)

68

ōrdinis, utrīusque sexūs etiam vocantur in perīculum et vocābuntur. Neque cīvitātēs tantum, sed vīcōs etiam atque agrōs superstitiōnis istīus contāgiō pervagāta est.

10 Quae vidētur sistī et corrigī posse: certē satis cōnstat prope iam dēsōlāta templa coepisse celebrārī, et sacra sollemnia diū intermissa repetī, passimque vēnīre ⟨carnem⟩ victimārum, cuius adhūc rārissimus ēmptor inveniēbātur.

Ex quō facile est opīnārī quae turba hominum ēmendārī possit sī sit paenitentiae locus.

ōrdō = cīvēs eiusdem habitūs (ut servī/līberī/pauperēs/dīvitēs)
sexus -ūs *m;* ɪɪ : virī et fēminae
vīcus -ī *m* = parvum oppidum
contāgiō -ōnis *f* = morbus quō afficiuntur multī
per-vagārī = per-errāre
sistere = stantem facere, fīnīre
cōn-stat +*acc*+*īnf* = nōtum est
dē-sōlāre = sōlum dēserere
sacrum -ī *n* = modus deī colendī
inter-mittere = interim fīnīre
passim *adv* = ubīque
victima -ae *f* = bēstia quae sacrōrum causā occīditur
ēmptor -ōris *m* = quī emit

Epistula XCVII
Trāiānus Plīniō.

Trāiānus

1 Āctum quem dēbuistī, mī Secunde, in excutiendīs causīs eōrum quī Chrīstiānī ad tē dēlātī fuerant, secūtus es. Neque enim in ūniversum aliquid, quod quasi certam fōrmam habeat, cōnstituī potest.

2 Conquīrendī nōn sunt. Sī dēferantur et arguantur, pūniendī sunt, ita tamen ut quī negāverit 'sē Chrīstianum esse' idque rē ipsā manifestum fēcerit, id est supplicandō dīs nostrīs, quamvīs suspectus in praeteritum, veniam ex paenitentiā impetret.

Sine auctōre vērō prōpositī libellī in nūllō crīmine locum habēre dēbent. Nam et pessimī exemplī nec nostrī saeculī est.

āctus -ūs *m* = modus agendī
ex-cutere -iō -cussisse -cussum = quaerere
dēlātī *erant*

con-quīrere = quaerere (ut reperiantur)

manifestus -a -um = plānus
suspectus -a -um = quī male fēcisse putātur; quam-vīs s. : etiam sī suspectissimus fuit
impetrāre = habēre id quod rogātur; veniam ex paenitentiā impetret : eī venia dētur (eī ignōscātur) ob paenitentiam
pessimī exemplī est : pessimum exemplum statuit
saeculum -ī *n* = aetās hominum, aetās (nostra)

Commodus

passiō -ōnis *f* < patī (: mortem)
Scillitānī -ōrum *m pl* < Scillium,
oppidum Āfricae
prō-cōnsul -is *m* = prōcurātor
quī postquam cōnsul fuit prōvinciam administrat
cōnsulēs a. 180 p.C.: Claudiānus
et Praesēns -entis (bis: iterum)

Praesente et Claudiānō cōnsulibus (*abl*): annō 180 p.C.
diē sextō decimō *ante* kal. Aug.
sēcrētārium -ī *n* = iūdicium
Spērātus, Nartzalus, Cittīnus -ī
m, Dōnāta, Secunda, Vestia -ae
f: Scillitānī Chrīstiānī
indulgentia -ae *f* = venia
Imperātor: *Commodus* -ī *m*, quī
a. 180–192 p.C. imperāvit
prō-merērī = merēre

male-facere
inīquitās -ātis *f* = iniūria
praebēre (< prae + habēre) = tribuere, dare; operam : auxilium
propter-eā quod = quod

ob-servāre = honōre afficere

religiōsus -a -um < religiō

genius -ī *m* = deus cūstōs hominis proprius

sī praebueris..., dīc*am*
mystērium -ī *n* = sēcrētum, sacrum proprium cēterīs ignōtus
simplicitās -ātis *f* < simplex
initiāre = initium facere dīcendī

imperium : iūs imperandī

telōneum -ī *n* = tribūtum

PASSIO SCILLITANORVM

[*Annō CLXXX p.C. Carthāgine in Āfricā prōvinciā ā prō-*
cōnsule Sāturnīnō quaestiō Chrīstiānōrum Scillitānōrum
habita est.]

Praesente (bis) et Claudiānō cōnsulibus, sextō decimō
kalendās Augustās, Carthāgine in sēcrētāriō impositīs
Spērātō, Nartzalō et Cittīnō, Dōnātā, Secundā, Vestiā,
Sāturnīnus prōcōnsul dīxit: "Potestis indulgentiam dominī nostrī Imperātōris prōmerērī, sī ad bonam mentem
redeātis."

Spērātus dīxit: "Numquam malefēcimus, inīquitātī
nūllam operam praebuimus; numquam maledīximus,
sed male acceptī grātiās ēgimus, proptereā quod
Imperātōrem nostrum observāmus."

Sāturnīnus prōcōnsul dīxit: "Et nōs religiōsī sumus, et
simplex est religiō nostra, et iūrāmus per genium
dominī nostrī Imperātōris et prō salūte eius sup-
plicāmus – quod et vōs quoque facere dēbētis."

Spērātus dīxit: "Sī tranquillās praebueris aurēs tuās, dīcō
mystērium simplicitātis."

Sāturnīnus prōcōnsul dīxit: "Initiantī tibi mala dē sacrīs
nostrīs aurēs nōn praebēbō; sed potius iūrāte per
genium dominī nostrī Imperātōris!"

Spērātus dīxit: "Ego imperium huius saeculī nōn cognōscō, sed magis illī Deō serviō quem nēmō hominum
vīdit nec vidēre hīs oculīs potest. Fūrtum nōn fēcī; sed
sī quid ēmerō, telōneum reddō, quia cognōscō dominum meum et Imperātōrem rēgum omnium gentium."

Sāturnīnus prōcōnsul dīxit cēterīs: "Dēsinite huius esse persuāsiōnis!"

Spērātus dīxit: "Mala est persuāsiō homicīdium facere, falsum testimōnium dīcere."

Sāturnīnus prōcōnsul dīxit: "Nōlīte huius dēmentiae esse participēs!"

Cittīnus dīxit: "Nōs nōn habēmus alium quem timeāmus nisi dominum Deum nostrum quī est in caelīs."

Sāturnīnus dīxit: "Tū quid dīcis, Dōnāta?"

Dōnāta dīxit: "Honōrem Caesarī quasi Caesarī, timōrem autem Deō!"

Sāturnīnus dīxit: "Tū quid dīcis, Vestia?"

Vestia respondit: "Chrīstiāna sum."

Sāturnīnus dīxit: "Quid tū dīcis, Secunda?"

Respondit Secunda: "Quod sum, ipsum volō esse."

Sāturnīnus prōcōnsul Spērātō dīxit: "Persevērās Chrīstiānus?"

Spērātus respondit: "Chrīstiānus sum." Et cum eō omnēs cōnsēnsērunt.

Sāturnīnus prōcōnsul dīxit: "Numquid ad dēlīberandum spatium vultis?"

Spērātus dīxit: "In rē tam iūstā nūlla est dēlīberātiō."

Sāturnīnus prōcōnsul dīxit: "Quae sunt rēs in capsā vestrā?"

Spērātus dīxit: "Librī et epistulae Paulī, virī iūstī."

Sāturnīnus prōcōnsul dīxit: "Moram trīgintā diērum habēte et recordēminī!"

Spērātus iterum dīxit: "Chrīstiānus sum." Et cum eō omnēs cōnsēnsērunt.

– – – – – –

persuāsiō < persuādēre

homicīdium -ī n = nex hominis

testimōnium -ī n = quod diīs testibus dīcitur
dēmentia -ae f = āmentia (< dēmēns -entis adi = āmēns)
particeps -cipis adi + gen (< pars + capere) = quī partem capit, cui pars est (reī)

nisi : praeter

honōrem dō Caesarī (secundum verba Chrīstī: "Reddite quae sunt Caesaris Caesarī et quae sunt Deī Deō!": Matthaeus 22. 21, Mārcus 12.17, Lūcās 20.25)

ipsum = id

cōn-sentīre (cum aliquō) = as-sentīrī (alicui)

spatium -ī n = locus/tempus quod interest
dēlīberātiō -ōnis f < dēlīberāre

capsa -ae f = thēca

Paulus -ī m, apostolus -ī m (ἀπόστολος) = lēgātus, nūntius missus (dē Chrīstō)

recordārī = iterum dēlīberāre

71

Sāturnīnus prōcōnsul dēcrētum ex tabellā recitāvit:
"Spērātum, Nartzalum, Cittīnum, Dōnātam, Vestiam,
Secundam et cēterōs 'rītū Chrīstiānō sē vīvere' cōn-
fessōs, quoniam oblātā sibi facultāte ad Rōmānōrum
mōrem redeundī obstinanter persevērāvērunt, gladiō
animadvertī placet."

Spērātus dīxit: "Deō grātiās agimus."

Nartzalus dīxit: "Hodiē martyrēs in caelīs sumus. Deō
grātiās."

Sāturnīnus prōcōnsul per praecōnem dīcī iussit: "Spērātum, Nartzalum, Cittīnum, Veturium, Fēlīcem, Aquīlī-
num, Laetantium, Iānuāriam, Generōsam, Vestiam,
Dōnātam, Secundam dūcī iussī."

Ūniversī dīxērunt: "Deō grātiās!"

Et statim dēcollātī sunt prō nōmine Chrīstī.

INDEX VOCABVLORVM
(Numerī pāginās significant)

F
fābella -ae f 33, 35
fābula -ae f 23, 24
facere +gen pretiī 54
facula -ae f 14
facultās -ātis f 72
faenerāre 16
falsō adv 31, (33, 44)
famēs -is f 46
familia -ae f 39, 41, 50
familiāris -e; Lar f. 29, 30
familiāris -is m 59
far farris n 51
fās n indēcl 43, 44
fastīdīre 41
faucēs -ium f pl; -e 34
fax facis f (14)
ferculum -ī n (13), 66
ferē 63
fertur 36
ferus -ī m 36
fervēns -entis 13
festīnāre 9
fēstīvus -a -um 57
fēstus -a -um, diēs 30
fīcus -ūs f (7), 9
fidēlis -e 35
fidēs -ēī f 36, 43, 58; fidem
    fallere 68
fingere fīnxisse fictum 32,
    33, 34, 48
flāgitium -ī n 29, 44, 67
focus -ī m 30, (52)
fōns fontis m 36
foret 37
fōrma -ae f 38
fortūnae -ārum f pl 61
fragilis -e 49
fraudātor -ōris m 16
fraus fraudis f 36
fremitus -ūs m 60
fricāre -uisse 12
frīgida -ae f 12
frūgālis -e; adv -iter 9
frustum -ī n 41
fugāre 66
fūmus -ī m (11)
fundāmentum -ī n 49
fundus -ī m 29
fūnis -is m 30
G
gallicinium -ī n 14
gallīna -ae f 13
garrīre 53
garrulus -a -um 53, 54
gemere -uisse -itum (37,40)
gemitus -ūs m 40
gemmeus -a -um 38
genius -ī m 70

gēns gentis f (58, 62)
genus -eris n 15
germānus -ī m 23, 24, 26
gerere, mōrem g. +dat 63
glōria -ae f 49, 50
grammaticus -ī m 4, 5
grātiā +gen 38
grātulārī +dat 8, 19, 20
gustātiō -ōnis f 13
gūtus -ī m 51
H
habēre (= habitāre) 23
habēre (= sē habēre) 7, 19,
    55
habitus -ūs m 58
haedus -ī m 47
haesitāre 67
haustus -ūs m 34
hebes -etis adi 61
hercle! 49, 61
hercule! 23, 25, 34
hērēs -ēdis m 22
hetaeria -ae f 68
hīlum adv 60
historia -ae f 29, (42)
hodiernus -a -um 19
holerārius -a -um 9, n 9
homicīdium -ī n 71
homunculus -ī m 58
honōrārium -ī n 19
honōs -ōris m 35, 58, 71
horridus -a -um 39
hosticus -a -um 54
hostīlis -e, adv -iter 42, 43
I
-ī gen sing = -iī 23
iam dūdum 12, 29, 53
iam iamque 62
iambicus -a -um 27, (60)
id temporis 58
id-circō 4, 60
ignōrantia -ae f 67
illecebra -ae f 58
illic illaec illuc; illic 24
illō adv = illūc 49
imāgō -inis f 23
imbuere -uisse -ūtum 62
immānis -e 40
im-modicus -a -um 68
immortālitās -ātis f 65
im-mūtāre 22
impedīre 36
imperātor -ōris m 31, 32,
    67, 70
imperitāre 44
impetrāre 69
impostor -ōris m 18
improbitās -ātis f 35
im-pudēns -entis adi 65

inānis -e 35, 52
in-cēdere 51
in-cendere -disse -cēnsum
    44, 49
incendium -ī n 44
in-cidere -cidisse 7, 67
in-citāre 34
in-clāmāre 56
incōnsīderātus -a -um, adv
    -ē 61
in-dere -didisse -ditum 22,
    30, 58
index -icis m 68
indignārī 37, 47
indignē ferre 38
indulgentia -ae f 70
in-eptus -a -um, adv -ē 61
in-exōrābilis -e 60
īn-fectus -a -um 29
īn-ferre in-tulisse il-lātum
    34
īn-fīrmus -a-um 56
īn-flāre 37
īn-flexibilis -e 67
in-gemēscere -muisse 37
ingenuus -a -um 18
in-gredī -gressum 8, (13,
    14), 22, 49, 57
inīquitās -ātis f 64, 70
in-īquus -a -um 54
in-īre -eō -iisse, ratiōnem
    29
initiāre 70
in-nocēns -entis adi 31, 32,
    33, 34, 66
in-nōtēscere -tuisse 36
in-noxius -a -um 44, 68
in-ops -opis adi 37
in-quīrere -sīvisse/-siisse
    -sītum 9, 57
īnsānīre 16, 49
īn-sānus -a -um (16, 67)
īn-scrībere 58
īnscrīptiō -ōnis f 47
īnsignis -e 43
īn-silīre -uisse 32
īn-sistere -stitisse 57
īn-spērātus -a -um 24, 25
īn-stāre +dat 54
īn-struere 4, 57
īnstrūmenta -ōrum n pl 20
intemperiēs -ēī f 57
in-tendere -disse -tum 37
inter-diū 30, 41
inter-esse +dat 67
inter-fluere 42, 43
inter-iacere 44
inter-icere -iō -iēcisse
    -iectum (43)

inter-iectus -a -um 43, 44
inter-īre 54, 64
inter-mittere 69
inter-nōscere -nōvisse 21
inter-pellāre 20, 52
interpretāmentum -ī n 4,5,6
interpretārī (4)
intrō-dūcere 45
intro-īre -eō -iisse 6, 12,
    47, 57, 58
in-urbānus -a -um 50
invenīre 49
invicem 40, 68
invidia -ae f 37
invīsus -a -um 44
invītābilis -e 58
in-vītāre (9), 11, 45, 49
invītātiō -ōnis f 9
iocārī 33
ipsus -a -um 22
īrācundus -a -um (53)
īrāscī 18, (47, 53, 56)
ir-rīdēre 42, 43
istic istaec istuc: istaec 57,
    istuc 62, 65
itidem 25
iūcunditās -ātis f 62
iūdex -icis m 19, 20, 36,
    48, 60
iūdicāre 62
iūdicium -ī n 19, 52
iugum -ī n 45
iūmentum -ī n 30
iūrāre 16, 70
iūrgium -ī n 16, 33, 34, 44
iūris perītus 19
iūs iūris n (19), 56, pl 54
iussū +gen 6, 65
L
labor -ōris m 66
lacerāre 33, 34, 36
lactūca -ae f 13, 66
lacte -is n 24
laeva -ae f 32
laevus -a -um 38
laganum -ī n 51
lāniger -erī m 34
lapis -idis m 51
Lar -is m 29, 30
latrō -ōnis m 33, 34
latrōcinium -ī n 68
latus -eris n, pl 54
laurētum -ī n 8
laurus -ī f (8)
lautus -a -um 12
lavāre lāvisse lautum/lavā-
    tum 5, 10, 12
lēctiō -ōnis f 5, 6

75

lēctor -ōris *m* 33
lectulus -ī *m* 48
legere 58, *part* lēctus 58
lēnō -ōnis *m* 23
lentus -a -um 56
lepidus -a -um 57, 58
lepus -oris *m* 13
līberātor -ōris *m* 44
lībertus -ī *m* 18, 31
libīdō -inis *f* 51
licentia -ae *f* 41
licet +*coni* 50
linquere 56
linteum -ī *n* 6
liquidus -a -um (34)
liquor -ōris *m* 34, 36
līs lītis *f* 54
locāre 42, 64
locuplēs -ētis *adi* 39
locus -ī *m* 5, 6, 11, 13, 45,
  55, 63, 69; +*gen* 54, 69
longē 7, 46, 53; 64, +*comp*
  31, 34, 40
longinquus -a -um 46
longulē 22
loquāx -ācis *adi* 54, 58
lōtus -a -um (= lautus) 13
lūcēre, lūcet 5
lūctus -ūs *m* 36
lūmen -inis *n* 5, 11
luscinia -ae *f* 38
lūsus -ūs *m* 52
lutum -ī *n* 12
luxuria -ae *f* 29, (30)
luxuriōsus -a -um 30, 46
lympha -ae *f* 34
M
macellum -ī *n* 9
macer -cra -crum 40
maciēs -ēī *f* 40
magistrātus -ūs *m* 52
magnitūdō -inis *f* 37, 38,
  42, 43
māiōrēs -um *m pl* 29
male-dīcere +*dat* 18, 32,
  34, 68, 70
maledictum -ī *n* 18
male-facere 70
mamma -ae *f* 21
mānāre 53
mandātum -ī *n* 47, 68
mandūcāre 13, 46
manēre (= habitāre) 7
manifestus -a -um 69
mappa -ae *f* 13
marmor -oris *n* (51)
marmoreus -a -um (51)
martyr -is *m/f* 72
mātūrē 30

mediocris -e, *adv* -iter 67
meditārī 53
mehercule! 65
melos *n indēcl* 38, 39
mendācium -ī *n* 57
mendāx -ācis *adi* 33, *adv*
  -āciter 32
mentum -ī *n* 48, 60
mercātus -ūs *m* 21, 25
mercēnnārius -ī *m* 46
merēre 42, 43
meretrīx -īcis *f* 47
meritō *adv* 34
mī = mihi 26, 55, 56
ministra -ae *f* 68
ministrantēs -ium *m pl* 14
ministrāre 14, 51
minitābundus -a -um 44
minitārī 43
miserē 53
miseria -ae *f* 26, 60
misericordia -ae *f* 46
modicus -a -um, *n* 19
modus, eius modī 48, 50,
  61, cuius modī 49
mōlīrī 62
morārī 29, 66
morbus -ī *n* (7, 54)
mōrem gerere +*dat* 63
moritūrus -a -um (59)
morsus -ūs *m* 36
mortālēs -ium *m pl* 22, 55
mōrum -ī *n* 9
mōs mōris *m;* mōrem ge-
  rere +*dat* 63
movēre 46
multus -a -um, ad noctem
  multam 50
mūnerāre 33
mūs mūris *m* 40
mūtuārī 17
mystērium -ī *n* 70
N
nārrāre 61
nātus -ī *m* 37
naufragus -a -um 39
necesse habēre 45
negōtium, quid negōtiī 23,
  61, nihil negōtiī 62, 63
nescio-quid 53, 56
nī = nisi 44, 54, 55
nihil, nīl *adv* 53, 63
nisi 71
nīsus -ūs *m* 37
nitēre 40
nītī nīsum (37), 60
nitor-ōris *m* 37, 38, 48
noctū 30, 40
nōn-nēmō 68

nōscitāre 23
nota -ae *f* 48
notāre 48
notātiō -ōnis *f* 48
nōtitia -ae *f* 49
novissimus -a -um 4; *adv*
  novissimē 37
nūmen -inis *n* 68
nummulārius -ī *m* 17, 19
num-quid 11, 17, 71
nupta -ae *f* 57
nuptiae -ārum *f pl* 50
nusquam 61
nūtāre 56
O
ob-dormīre 11
ob-īre -iisse (diem) 22
oblīquus -a -um (38)
obsecrāre 25, 57
ob-servāre 70
obstināns -antis *adi,*
  adv -anter 72
obstinātiō -ōnis *f* 67
ob-stringere 68
ob-viam 10, 16, 18, 50
obvius -a -um 39, 56
oc-cidere -disse 60, 63
occupāre 5, 11; 53
ōcius *adv comp* 53
of-ficere +*dat* 55
officiālis -is *m* 32
oleum -ī *n* 9, (52)
olīva -ae *f* 7, 13
olīvum -ī *n* 52
ōlla -ae *f* 9
ōmen -inis *n* 38
o-mittere 5
omnīnō *adv* 62, 67
onerāre 21
onus -eris *n* (21), 39, 54
opera, operam dare 25,
  operam praebēre 70
opēs -um *f pl* 42, 43
opīnārī 25, 69
opīniō -ōnis *f* 59
op-pēdere 56
op-pōnere 56
opportūnus -a -um 18
op-primere 32, 34, 59
opus, opus sunt 15, opus
  habēre 17
ōrātiō -ōnis *f* 29, 48, 59, 63;
  ō. solūta 31, rēcta/oblīqua
  (38)
ōrātor -ōris *m* 29, (48), 59
ōrātōrius -a -um 48
orbāre 62
ōrdināre (27)
ōrdīrī ōrsum 43

ōrdō -inis *m* 69
orīgō -inis *f* 29, 44
orīrī ortum 5, (15, 29)
ortus -ūs *m* 5
ostentāre 48
ostentātiō -ōnis *f* 49, 50
ostentātor -ōris *m* 48
ōtiārī 52
oxygarum -ī *n* 13, 66
P
paedagōgus -ī *m* 6
paenitentia -ae *f* 67, 69
paenula -ae *f* 6, 15
pār paris *adi* 18, 40; *adv*
  pariter 24, 64
parcere pepercisse +*inf* 4
parēns -entis *m* 57
parere, paritūrus -a -um (39)
pars -rtis *f* 38, partēs (55)
particeps -ipis +*gen* 71
parturīre 40
passim 69
passiō -ōnis *f* 70
patera -ae *f* 51
patrēs -um *m pl* 57
paulātim *adv* 44
paupertās -ātis *f* 39
pāvō -ōnis *m* 38
peccāre 46
pecūniārius -a -um 19
pellis -is *f* 37
Penātēs -ium *m pl* 43
penetrālēs, diī 44
per-agere (17), 68
percontārī 24, 51, 57
per-dere 22, 36
peregrē 46
peregrīnārī 49
per-errāre 51
per-fundere (11), 12
pergere 9, 50, 57
perīclitārī 68
perītus -a -um 19
per-legere 7, 15, 66
per-manēre 63
permissū +*gen* 43
per-noctāre 14
per-ōrāre 36
per-pāscere, per-pāstus 40
per-sevērāre 67, 71, 72
persōna -ae *f* 35; 47
per-spicere -iō -spexisse
  -spectum 49
persuāsiō -ōnis *f* 71
per-timēscere -muisse 50
pertinācia -ae *f* 67
pertināx -ācis (67, 72)
per-tinēre, ad (18), 64;
  +*dat* 18, 19

76

per-vagārī 69
philosophicus -a -um 59
philosophus -ī m 59, 61
pictor -ōris m 61
pigēre; piget +acc 23
pignus -oris n 17
pingere pīnxisse pictum 38
piscīna -ae f 12, 66
placenta -ae f 14
placēre; placet +acc+īnf 63, 72, (senātuī) 57
platea -ae f 45
pluere -ūvisse/-uisse 22
plūma -ae f 38
plūris gen pretiī 53, 54
pluvius -a -um 29
podagra -ae f 54
pol! 23
polīre 33
pōmum -ī n 9, 14
populārēs -ium m pl 44
por-rigere -rēxisse -rēctum 6, 12, 13
porrō adv 63
porrum -ī n 51
portentum -ī m 61
porticus -ūs f 11, 18
portiō -ōnis f 45
postillāc 25
postulātiō -ōnis f 57
postrī-diē 29, 57
potēns -entis adi 37
praebēre 70
prae-cēdere 11, 55
prae-cīdere 13
prae-clārus -a -um 48
praecō -ōnis m (20), 72
praecordia -ōrum n pl 64
praeda -ae f 34, 35
prae-dicāre 20, 22, (62)
prae-dīcere (38, 51, 54)
prae-dūcere 5
prae-fulgēre 38
prae-īre 68
prae-stringere 48
praeter-īre 47, 54
praeteritum -ī n, in p. 69
praetexta (toga) (57), 58
praetextātus -a -um 57
praetor -ōris m 52
prandēre -disse 5, 9, 10
prandium -ī n 5, 7, 9
prānsus -a -um 7, 52
prātum -ī n 37
premere, verbō 62
pressāre 56
pretium -ī n 42, 43
prīmicērius -ī m 32
prīmōrēs -um m pl 43

prīmulum adv 25
prīmus, in prīmīs 62
prīncipātus -ūs m 63, 64
prior -ōris m 32
prīstinus -a -um 31
prīvātum -ī n 11
prō prp +abl 43
probāre 17, 45, 49
prō-cōnsul -is m 70, 71, 72
prō-cūrāre (18, 52)
prōcūrātor -ōris m 18, 44, (70)
prō-dere (43)
prōditor -ōris m 44
prō-ferre 57, (68)
prō-ficere 60
prō-gnātus -a -um 24
prō-lābī -lāpsum 44
prologus -ī m 4, 21, 33
prō-loquī 40
prō-merērī 70
prōmiscuus -a -um 68
prō-nūntiāre 62
prōnūntiātum -ī n 62
prōpīnāre +dat 14
propinquus -ī m 43, 44
prō-pōnere 33, 67, 69
prōpositum -ī n 35, 64
proprium -ī n 34
propter-eā quod 70
prōrsus adv 60, 61
prūdentia -ae f 58
pudendus -a -um 44
pugnantia -ium n pl 62
pugnāre 62
pulchrē 36, 56
pulmentārium -ī n 9, 41
pulvīnus -ī m 14
pūrgāre 29, 30
purpura -ae f (57)
pusillus -a -um, m 5
pūtidus -a -um 66
Q
quā adv 41
quā-cumque 51, 66
quaerere +īnf 53
quaeritāre 23
quaesītus -a -um 44
quaesō 21, 23, 34, 40, 60, 61
quaestiō -ōnis f 64, 70
quaestor -ōris m 52
quaestus -ūs m 39
quālis-cumque quāle- 67
quam-libet 67
quam-vīs 69
quandō(-)cumque 54
quantī -ae -a 46
quantī gen pretiī 9, 51

quantō +comp 33, 40
quā-tenus adv 67
quī adv 34
quia 47
quī- quae- quid-cumque 36, 60, 64
quid-libet 48, 53
quīs = quibus 54
quis- quae- quod-piam 57
quō +comp +coni 59
quō, nē quō 30
quō (: cūr) 38
quod 45
quō-minus +coni 43, 44
quōmodo (= sīcut) 5, 7
quondam 37
quoniam 15
R
rāmōsus -a -um 36
rāna -ae f 37
raptim 50
raptor -ōris m 22
-re pass 2 sg = -ris 55
ratiō -ōnis f 29, 64; ratiō- nem dare 18, inīre 29
re-cipere sē 14
recordārī 71
rēctā adv 49
rēctus -a -um (38)
red-dere 5, 6, 31, 47, 70
re-ferre rettulisse re-lātum 31, 43: sē 51; rem r. ad 67
re-ficere -iō -fēcisse -fec- tum (30)
religiō -ōnis f 56, 70
religiōsus -a -um 70
re-mūnerāre 33
re-nūntiāre 26
re-pellere reppulisse re- pulsum 34
re-petere 50, 55, 69
re-primere -pressisse -pres- sum 44
rērī ratum 55
re-salūtāre 5, 6, 19
re-sidēre -sēdisse 37
re-spicere -iō -spexisse -spectum 48
re-stāre 29, 54
re-sūmere 12
re-tinēre -uisse -tentum 36
reus -ī m 44, 48
re-vertī, in sē 46
re-vīvēscere -vīxisse 46, 47
rhētor -oris m 59
rhētoricus -a -um (48), 59; f 48
rītus -ūs m 72
rōbustus -a -um 67

rogāre (= interrogāre)15, 26, 56, 63
rūga -ae f (37)
rūgōsus -a -um 37
rūs, acc rūs īre 22
S
sabanum -ī n 11, 12
sabbata -ōrum n pl 56
sacer -cra -crum 53
sacrāmentum -ī n 68
sacrum -ī n, pl 69, 70
saeculum -ī n 69, 70
saepēs -is f 45
sagīnātus -a -um 46, 47
sagittārius -ī m 42, 43
salsus -a -um 56
saltus -ūs m 35
salūs -ūtis f 8, 70
salūtātiō -ōnis f 7
sānē 49
sarcīre 30
sardīna -ae f 13
satiāre 41
satira -ae f 33, 58
satis-facere 17
scaena -ae f 21
scālae -ārum f pl 8
scelerātus -a -um 59, 66
schola -ae f 5, 6, 59
scomber -brī m 66
scorpios -ī m 66
sēcessus -ūs m 11
sēcrētārium -ī n 70
sēcrētō adv 56
sēcrētum -ī n 57
secundae (partēs) 55
secundum prp +acc 4, 43
secūris -is f 10
sēcūrus -a -um 19
sēdēs -is f 63
sedīle -is n 32
sēdulus -a -um, adv -ō 29
sēgnis -e, adv -iter 14
sē-ligere -lēgisse -lēctum 48
sempiternus -a -um 60
sēnārius -a -um 27, 31, 33, (60)
senātor -ōris m 15, 52, 57
senātus -ūs m (15), 52, 57, 58, 59
senior -ōris comp 46
sēnsus -ūs m 64, 65, sēnsus commūnis 35
sententia -ae f 19, 20, 36; ex sententiā 26
sentīre sēnsisse sēnsun 65
sepelīre -īvisse -pultum (54)
septēnārius -a -um (27)
septēnī -ae -a 27

septuennis -e 21, 25
sepulcrum -ī n (54), 62
sērus -a -um (10, 50), 58;
  adv sērō 10, 30
servāre 11, 30
servitium -ī n 42, 43
servulus -ī m 50
sēstertia n pl 17
se-vocāre 24
sexus -ūs m 69
sī (= num) 8
sīc-utī 48
siet, sient 29
signum -ī n 48
siliqua -ae f 13, 46
sīmia -ae f 33
similis -e +gen 24, 59, +dat
  32, 33; sup -illimus (24),
  59, 64
similitūdō -inis f 50
sīmius -ī m 32, 36
simplex -icis adi 70,
  adv -iciter 40
simplicitās -ātis f 70
simulācrum -ī n 34, 68
simulāre 48
sīs (= sī vīs) 7
sistere 69
sitīre 13, 31
smaragdus -ī m 38
sōbrius -a -um 30
socia -ae f 44
societās -ātis f 35
socius -ī m 35
sodālicium -ī n 49
sodālis -is m 15
sōdēs 41, 55
solea -ae f 66
solēre solitum esse 29, 68
sōlitūdō -inis f 66
solium -ī n 12
sollemnis -e (67), 69, n 67
sollicitus -a -um 51
solūtus -a -um +abl 52;
  ōrātiō solūta 31
sonāre 66
sors -rtis f (54)
spatium -ī n 71
speciēs -ēī f 35, 38, 67
speculum -ī n 23
sphaeristērium -ī n 11
splendēre (31, 49)
splendidus -a -um 49
splendor -ōris m 31, 48
-'st = est 23, 26
stāre stetisse 44
statua -ae f 19
status -a -um 68
stercus -oris n 30

sterculīnum -ī n 30, 31
stīpātor -ōris m 42, 43
stola -ae f 46
strēnuus -a -um 50
strigilis -is f 11, 12
studēre 10
stupidus -a -um 37
stupor -ōris m 37
suāvis -e 9; adv -iter 53,
  comp -ius 52
subarmāle -is n 15
sub-dere, reun 44
sub-dīvālis -e 12
sub-doctor -ōris m 6
sub-dūcere 22
sub-icere -iō -iēcisse
  -iectum 4
sub-levāre 48
sub-movēre 55
subsellium -ī n 58
subsidium -ī n 39
substantia -ae f 45, 46
subter prp +acc 64
sūdāre 12, 60
sūdātōrium -ī m 12
sūdor -ōris m (12), 53
suf-ficere 11, 14
suf-fundere 63
summa -ae f 68
supellex -ectilis f 51
superāre 64
superāria -ae f 6, 12
superstitiō -ōnis f 44,68,69
supplicāre 70, +dat 30, 68,
  69
suprēmus -a -um 25
surreptīcius -a -um 22, 23
suspectus -a -um 69
suspicārī 24
sus-tinēre 39
sȳcophanta -ae m 24
symphonia -ae f 46
T
tabula -ae f 39
tālus -ī m 53
tam-etsī 48, 49, 50
tandem? 61, 63
tantum-modo 55
tardus -a -um 54
telōneum -ī n 70
temperāre 12, 13
temperātus -a -um 12, 13
temperī adv 29; comp
  temperius 9
tempestās -ātis f 29
temptāre 12, 18, 47, 59
tendere tetendisse 56
tener -era -erum 67
tenuitās -ātis f 36

tepidārius -a -um 12
tepidus -a -um (12), 13
tergēre -sisse -sum 5
tertiō adv 67
testārī 20, 35
testimōnium -ī n 71
thēca -ae f 6
thermae -ārum f pl 11, 66
tigris -is f 66
tollere 22
tormentum -ī n 68
torquēre -rsisse -rtum (68)
torquis -is m 42, 43
tortuōsus -a -um 58
tot-idem 59
tractāre 19, 57
tractātus -ūs m 67
tragicus -a -um 35
tragoedia -ae f (35)
trahere, vītam 40
trāns-numerāre 49
trāns 44, 53
trāns-vehere (60)
trāvectiō -ōnis f 60
trā-vehere (60)
trepidāre 57
tribrachys -yis m 27
tribuere -uisse -ūtum 35,38
tribūtum -ī n 47
triceps -cipitis adi 60
triennium -ī n 68
trigōn -ōnis m 52
triplex -icis adi 64
trivium -ī n 55
trochaicus -a -um 27
tuba -ae f (46)
tūn' = tū-ne 25
turbāre 31, 48
turbulentus -a -um 34, 58
tūs tūris n 11, 68
tussis -is f 54
U
ubi +perf 57
ultrō adv 41
ūnā adv 63
unde-cumque 17
unde-libet 49
undique 44, 56
ungere ūnxisse ūnctum
  (11), 12, 52
unguentārius -ī m 11
unguentum -ī n 11
unguis -is m 33
ūniversum -ī n, in ū. 69
urgēre 57
urna -ae f 54
usquam 24
ūsque 53
ūsque adhūc 26

ūsque dum 11
-u'st = -us est 22, 24, 25
ūsūra -ae f 17
ut + perf ind 6, 7, 31, 38,
  39, 40
ut + imperf ind 22, 53
utī = ut 21, 30
ūtilis -e 36, 57, 58
utrimque 56
V
vacāre 7, 19
vacca -ae f 35
vacuus -a -um 16
vadārī 54
vādere -sisse 5, 9, 10, 15
vagārī (16), 41, 52
valēre 35, +īnf 54
validus -a -um 46
vāstus -a -um 35
velle; quid sibi vult? 57
vellere 56
vēnārī 36
venēnum -ī n 54
venerārī 68
venia -ae f 67, 69
vēn-īre -eō -iisse (9), 69
vērāx -ācis 32, 33
vērī similis 59, 64
vēritās -ātis f 33, 34, 47
versāre 60
versiculus -ī m 66
vespertīnus -a -um 51
vestīmenta -ōrum n pl 50
vetāre -uisse -itum 68
vetustās -ātis f 39, (66)
victima -ae f 69
victus -ūs m 37
vīcus -ī m 45, 53, 69
vidēre 64; v. ut 49; est tē
  vidēre! 19
vidērī +dat 41, 63
vigilāns -antis 30
vīlis -e 42, 43
vīlica -ase f 30
vīlicus -ī m 29, 30
vīn' = vīs-ne 56
violentus -a -um 57
vīsere 49
vīsitāre 7, 8
vitium -ī n 48, 49, 66
vitulus -ī m 46, 47
vituperāre 29, 36
voluptās -ātis f 58
volvere -visse -lūtum (60)
vōmer -eris m 30
vulgus -ī n 44
vulpēs -is f 35, 36, 37, 38
Z
zōna -ae f 39

INDEX NOMINVM

(Numerī pāginās significant)

79

NOTAE

=	idem atque	Cn.	Gnaeus (praenōmen)
↔	contrārium	*comp*	comparātīvus
:	id est	*coni*	coniūnctīvus
<	factum/ortum ex	*dat*	datīvus
+	atque, cum	*f*	fēminīnum
/	sīve	*fut*	futūrum
±	plūs/minus, circiter	*gen*	genetīvus
"..."	ōrātiō rēcta	*Gr*	Graecē
'...'	ōrātiō oblīqua	*imperf*	imperfectum
...	aliqua omissa	*ind*	indicatīvus
[...]	verba nostra	*īnf*	īnfīnītīvus
⟨...⟩	addenda quae dēsunt	*nōm*	nōminātīvus
1	persōna prīma	P.	Pūblius (praenōmen)
2	persōna secunda	p.C.	post Chrīstum (nātum)
3	persōna tertia	*part*	participium
a.	annō/annōs	*pass*	passīvum
a.C.	ante Chrīstum (nātum)	*perf*	perfectum
abl	ablātīvus	*pl*	plūrālis
acc	accūsātīvus	*prp*	praepositiō
adi	adiectīvum	Q.	Quīntus (praenōmen)
adv	adverbium	*sg*	singulāris
C.	Gāius (praenōmen)	*sup*	superlātīvus
cap.	capitulum	T.	Titus (praenōmen)
cēt.	cēterī -ae -a	*voc*	vocātīvus